U0453369

国家智库报告 2019（1）
National Think Tank
"一带一路"

# 欧洲与"一带一路"倡议：
# 回应与风险（2019）

刘作奎 著

EUROPE AND "THE BELT AND ROAD" INITIATIVE:
RESPONSES AND RISKS (2019)

中国社会科学出版社

## 图书在版编目(CIP)数据

欧洲与"一带一路"倡议:回应与风险.2019/刘作奎著.—北京:中国社会科学出版社,2019.3

(国家智库报告)

ISBN 978-7-5203-4067-0

Ⅰ.①欧… Ⅱ.①刘… Ⅲ.①"一带一路"—国际合作—研究—中国、欧洲 Ⅳ.①F125.55

中国版本图书馆 CIP 数据核字(2019)第 030098 号

| 出 版 人 | 赵剑英 |
|---|---|
| 项目统筹 | 王 茵 |
| 责任编辑 | 喻 苗 |
| 特约编辑 | 郭 枭 |
| 责任校对 | 夏慧萍 |
| 责任印制 | 李寡寡 |

| 出　　版 | 中国社会科学出版社 |
|---|---|
| 社　　址 | 北京鼓楼西大街甲 158 号 |
| 邮　　编 | 100720 |
| 网　　址 | http://www.csspw.cn |
| 发 行 部 | 010-84083685 |
| 门 市 部 | 010-84029450 |
| 经　　销 | 新华书店及其他书店 |
| 印刷装订 | 北京君升印刷有限公司 |
| 版　　次 | 2019 年 3 月第 1 版 |
| 印　　次 | 2019 年 3 月第 1 次印刷 |
| 开　　本 | 787×1092　1/16 |
| 印　　张 | 12.25 |
| 字　　数 | 120 千字 |
| 定　　价 | 49.00 元 |

凡购买中国社会科学出版社图书,如有质量问题请与本社营销中心联系调换
电话:010-84083683

版权所有　侵权必究

**摘要：** 欧洲是中国推进"一带一路"建设的重要区域，欧洲多数国家是发达市场的代表，欧盟多年来是中国的第一大贸易伙伴。"一带一路"沿线国家大多是发展中国家，欧洲作为发达市场在"一带一路"建设中具有重要而特殊的地位。

自"一带一路"倡议提出以来，欧盟机构及部分成员国对其态度经历了一定的变化。总体可以概括为：观望期、参与期、防备期和竞合期。2018年9月，欧盟发布《联通欧亚——欧盟战略的基石》。欧盟欧亚新战略强调了可持续性、广泛和以规则为基础的互联互通。欧盟以实际行动做实中欧双方在互联互通上的竞合关系：一方面，欧洲大国或欧盟机构将自身的规则和实践作为保护墙，加大对欧盟共同市场和共同利益的保护，有选择性地与"一带一路"倡议进行合作，阻止中国用开放的、协商式的做法来冲击欧盟高规则标准；另一方面，亚洲和欧亚大陆互联互通领域巨大的市场机遇、"一带一路"倡议所取得的成就和广泛影响力，使得欧盟在确保自身优先事项和具体利益得到维护的同时，寻求与中国具体、深入的合作。

从2018—2019年执行的对欧洲38个国家、103个有影响力的精英关于"一带一路"倡议的调查看，欧洲精英的看法既有与时俱进的一面，也有诸多消极看法。欧洲精英对"一带一路"倡议的积极看法包括：

（超过七成）认为"一带一路"倡议对欧洲和世界来说是一种机遇和机会；"一带一路"倡议和欧洲相关的区域发展计划有着很深的合作基础。但也有不少欧洲精英认为，"一带一路"倡议在欧洲取得的成果还相对有限；中欧在政策沟通上还有很多工作要做；"一带一路"倡议在欧洲的民意基础相对较弱等。欧洲精英还对一些具体问题持正反两方面看法，比如"16＋1合作"与中欧合作关系问题，欧洲精英一方面认为"16＋1合作"可能会为中欧合作带来机会和协调空间，另一方面仍对"16＋1合作"动机持怀疑态度；欧盟出台的欧亚互联互通新战略可以与"一带一路"倡议进行很好的合作，但同时也认为欧亚互联互通新战略也可能与"一带一路"倡议造成竞争。

欧洲精英认为，中欧围绕"一带一路"倡议合作的风险主要集中在贸易不平衡以及贸易结构的不平衡、中国基础设施建设的透明度问题、中欧双方在市场准入上缺乏互惠。因此，欧洲精英们建议中国能够提升互惠和市场开放程度、双方的倡议应充分对接以及鼓励投资的本土化和中欧公司更好合作等。

本报告也从宏观层面分析了"一带一路"倡议在欧洲面临的六大风险：中欧经贸摩擦是首要风险，保护主义抬头是"一带一路"倡议在欧洲面临的第二大风险，欧洲一体化前景的不确定性是"一带一路"倡议面临的第三大风险，欧洲的地缘政治变动是"一带一路"倡议面临的第四大风险，舆论环境持续不佳是"一带一路"倡议面临的第五大风险，对中国模式认知错误是第六大风险。

针对上述风险，本报告还做了六个具体案例风险评估，详细解剖"一带一路"建设的风险点和注意事项。最后，本报告对"一带一路"倡议下的中欧关系做了前景分析并提出了一系列政策建议。

**关键词**：欧洲；"一带一路"倡议；风险评估；案例分析；政策建议

**Abstract**: Europe is an important region for China to push forward the BRI construction. Most European countries are well developed markets, and the EU has been China's largest trading partner for many years. Most of the countries encompassed by the BRI belong to the developing world, and thus, as a developed economy, the European role in BRI construction is important and special.

The attitudes of EU institutions and some member states toward the BRI have evolved since its introduction, which can be divided into four phases: the wait-and-see phase, participation phase, caution phase, and the phase of a mix of competition and cooperation. The EU issued a joint communication entitled "Connecting Europe and Asia: Building Blocks for an EU Strategy" in September 2018. The EU's new strategy underscores the sustainable, comprehensive and rules-based connectivity. Moreover, the EU has taken concrete actions to put the coexistence of cooperation and competition relationship with China on connectivity into practice. On one hand, the European powers and EU institutions take their practices and self-written rules as a wall to strengthen the protection of their common market and interests. They participate in the BRI selectively, prevent China from adopting open and consultative approaches to erode the EU's high-level standards. On the other hand, the tremendous commercial opportunities in Euro-Asian connectivity, and the achievements and wide impact made by the BRI have driven the EU to seek concrete and in-depth cooperation with China on the premise of guaranteeing its priorities and interests.

From 2018-2019 survey on the opinion about the BRI of 103 influential elites across 38 European states, their opinions have been evolving and becoming increasingly favorable, but negative opinions remain. The positive side of European elites' opinions is that most of them (over 70 percent) view the BRI as an opportunity for Europe and the world, and believe that the BRI shares solid cooperation foundation with European regional development plans. However, there are also a number of elites who believe that the achievements of the BRI in Europe remain limited; China and EU still have a lot to do on policy dialogue; and the European public awareness of the BRI is still weak. They hold both positive and negative views on some specific issues. For example, on the relationship between the "16 + 1 cooperation" and the China-EU cooperation, the elites, on one hand, believe that the "16 + 1 cooperation" may bring opportunities and coordination space for China-EU cooperation; on the other hand, they remain skeptical about the motives behind the "16 + 1 cooperation". They contend that although the EU's new Euro-Asian connectivity strategy can work well with the BRI, they might become rivals in the future.

European elites find that the core risks of the China-EU BRI cooperationinclude: trade imbalance, transparency of Chinese infrastructure projects, and the reciprocity of market access in China. Therefore, they suggest China to improve market accessibility and the conjunction of the two initiatives, and encourage localization of investments and better cooperation between Chinese and European companies.

The book also analyzes the six risks that the BRI faces in Europe from the macro dimension: China-EU economic and trade dispute, the rise of protectionism, uncertainty of the European integration prospect, Europe's geopolitical change, unfavorable public opinion environment, and the misperception on China model.

In the book, I study six cases regarding the abovementioned risks to examine them in detail. At the end of the book, I discuss the prospect of the EU-China relationship within the BRI framework, and raise some recommendations.

**Key Words**: Europe, Belt and Road Initiative, Risk Assessment, Case Study, Policy Recommendation

# 前　言

　　自2013年开始，笔者多次赴欧洲国家就"一带一路"倡议在欧洲的反响展开调研，在访问多个欧洲国家的同时，笔者重点访问了中东欧区域。截至2018年年底，笔者已经遍访了中东欧16国，其中有些国家去过多次并开展了持续性调研。笔者深知中东欧地区国情复杂、历史底蕴深厚，远不是一两次调研就能拿出深刻结论的，调研工作也应该持续下去，并不断矫正一些不全面、不准确的观察。

　　在调研过程中，笔者也陆续出版了一系列成果，其中最主要的成果就是对"一带一路"倡议在欧洲建设的风险评估。风险评估是推进"一带一路"建设研究的一个重要视角，也是值得深入研究的一个内容。多年的调研使笔者深刻认识到，"一带一路"建设不能急于求成、大干快上，和风细雨、循序渐进、量力而行是必要的。尤其是在类似欧洲这样的发达市场，"一带一路"建设更应因地制宜、熟悉情况，做好先期调研,坚持"一国一策",投资要根据情况做好风险防范,才能避免我们的"一带一路"建设工作产生更大的损失。

2015年,在经过持续多个月调研后,笔者完成了《欧洲与"一带一路"倡议:回应与风险》的书稿。该书稿被列入"国家智库报告"出版项目,并于2015年12月由中国社会科学出版社出版。该书一经出版即引发广泛关注,成为国内和国际学界了解"一带一路"在欧洲实施情况的一本必要参考书。2016年本书被中国社会科学院评为"优秀国家智库报告"。为了让本书的内容为学界更广泛地熟知,2016年英文版的成果 Europe and the "Belt and Road" Initiative: Responses and Risks 由中国社会科学出版社出版,并被列入2016年12月中国—中东欧人文交流年闭幕式的展示成果。此后,本书(中英文版)成为2017年3月中国社会科学出版社伦敦国际书展的展示成果,在随后的成果评选中,又荣幸地获得2016年中国社会科学院创新工程重大科研成果奖。

本书出版后,因为是一个时效性较强的研究课题,基本内容一直没有更新,故在2015年版的基础上,经过近一年的调研,又持续推出了2017年版。2017年版又加入了很多新的内容和观察,比起2015版做了很多完善性工作。新版在2017年获得了中国社会科学院

"优秀国家智库报告",并在同年出版了英文版,之后又在中宣部"丝路书香"工程的资助下出版了阿拉伯语版。

基于持续的跟踪调研,《欧洲与"一带一路"倡议:回应与风险》2019年版又与读者们见面了,这也是本系列的第三本书,也可为即将到来的2019年第二届"一带一路"国际合作高峰论坛提供知识和政策支撑。

2018年是风云激荡的一年,国际形势发生深刻变化,中美贸易争端、中欧贸易纠纷、欧洲形势本身发生的深刻变化,"16+1合作"面对一系列复杂的局面,这一切,都使得"一带一路"倡议在欧洲的建设面临复杂的情势,孕育的风险进一步加大,需要学界审慎观察,及时做出预判,这也是本书力图呈现给读者的内容。

新的2019年版突出了多重特色,本版智库报告主要有如下特点:

1. 突出时效性。本报告对当前情况和进展做出深入调研和分析,对未来发展前景做出预判和政策建议。

2. 突出方法性。本报告的研究不流于对具体内容的阐释,突出研究方法和视角的独家性,集中于定性研究、定量研究、问卷调查等方法。

3. 突出深度性。本报告对案例研究进行了深度分析和调研，具有较高的原创价值和实际借鉴价值。

4. 突出积累性。"一带一路"倡议风险评估这个系列是笔者一步一步做起来的，其传统和经验是在不断摸索中形成的，经历了不断优化的过程。

在分析总结中，笔者也逐渐形成了自身的分析特色，尤其体现在风险评估方面，尽量做到风险都考虑到，但也要保持乐观。在风险评估中也摒弃过去简单罗列风险，而是依照风险等级做出精细化评估与分析。

中东欧是"一带一路"倡议落地的重要区域，"16+1合作"在推动"一带一路"建设的发展上无疑发挥了越来越重要的作用。因此，在本报告中，"16+1合作"仍占据着重要的分量。考虑到欧盟对"一带一路"关注的持续增强，从本年度开始，也开始更加向欧盟机构及其欧洲大国态度分析倾斜。

在此也特别说明，作风险评估研究，绝不意味着"一带一路"倡议在欧洲充满了难以克服的风险，而是必须秉承这样的观点：任何大的倡议和工程，做好风险评估是第一步，搞风险评估研究的最终目的，必然是要放大合作机遇、扩大合作共识，把我们的"一带一路"建设好。

特别感谢几位海内外学者在本报告的案例研究中所做的贡献，他们分别是克罗地亚学者白伊维、清华大学研究生王美琪和汪疏影。

报告中的纰漏和错误在所难免,恳请各位专家学者多多指正。

刘作奎

2018年12月于中国社会科学院欧洲研究所

# 目 录

**第一章 欧洲对"一带一路"倡议立场的变化** …………… (1)
  一 欧盟机构及主要成员国对"一带一路"倡议的立场变化 …………… (1)
  二 欧盟互联互通新战略与"一带一路"倡议 …………… (8)
  三 欧盟内部区域不同国家和各种行为体对"一带一路"倡议的态度 …………… (11)
  四 部分中东欧国家参与"一带一路"和"16+1合作"动态 …………… (21)

**第二章 欧洲精英对"一带一路"倡议的看法** …………… (33)
  一 调研的基本情况 …………… (34)
  二 欧洲精英对"一带一路"倡议的了解情况 …………… (40)

三　评估"一带一路"倡议在欧洲的建设
　　情况 …………………………………………（44）
四　"一带一路"倡议下发展中欧关系的
　　建议 …………………………………………（61）

## 第三章　"一带一路"倡议在欧洲总体风险
　　　　评估 …………………………………………（67）
一　中欧经贸摩擦成为首要风险 ………………（67）
二　保护主义抬头是"一带一路"倡议
　　在欧洲面临的第二大风险 …………………（72）
三　欧洲一体化前景的不确定性是"一带
　　一路"倡议面临的第三大风险 ………………（81）
四　欧洲的地缘政治变动是"一带一路"
　　倡议面临的第四大风险 ……………………（86）
五　舆论环境持续不佳是"一带一路"
　　倡议面临的第五大风险 ……………………（88）
六　对中国模式认知错误是第六大风险 ………（91）

## 第四章　"一带一路"倡议在欧洲的投资案例
　　　　风险评估 ……………………………………（93）
一　比雷埃夫斯港项目 …………………………（93）
二　黑山南北高速公路项目 ……………………（102）
三　波黑斯塔纳里火电站项目 …………………（114）

四　河钢收购斯梅代雷沃钢厂 …………………（120）
　　五　克罗地亚跨海大桥项目 ……………………（124）
　　六　匈塞铁路塞尔维亚段建设项目 ……………（139）

**第五章　前景分析与展望** ………………………………（148）
　　一　保护主义对"一带一路"建设影响的
　　　　前景分析 ………………………………………（148）
　　二　欧方就加强在"一带一路"倡议下
　　　　合作的方案和建议 ……………………………（153）
　　三　中国的方案与应对 ……………………………（155）
　　四　具体施策建议 …………………………………（159）

**附　录　欧洲国家对"一带一路"倡议看法
　　　　问卷调查（2018—2019 年）** …………………（163）

# 第一章 欧洲对"一带一路"倡议立场的变化

## 一 欧盟机构及主要成员国对"一带一路"倡议的立场变化

欧洲是中国推进"一带一路"建设的重要区域,欧洲多数国家是发达市场的代表,欧盟多年来是中国的第一大贸易伙伴。"一带一路"沿线国家大多是发展中国家,欧洲作为发达市场在"一带一路"建设中具有重要而特殊的地位。

自"一带一路"倡议提出以来,欧盟机构及部分成员国对其态度经历了一定的变化,总体可以概括为:观望期、参与期、防备期和竞合期。

### 1. 观望期

2013—2014年是欧盟的观望阶段。2013年和2014年中国陆续提出"一带"和"一路"倡议时,欧盟没有直接表态，主要原因是欧盟机构并不清楚"一带一路"倡议的目的、具体内容和执行方式是什么。同时，它也在观察该项倡议是否具有地缘政治动机。从"一带一路"倡议发展脉络看，欧盟是在不断加深对"一带一路"倡议认识的基础上，明确提出了其在每个阶段的具体应对方案。欧洲议会交通和运输委员会的报告就强调了这一点，报告指出了对"一带一路"倡议的模糊性认识：关于中国"一带一路"的潜在动机仍然有相当多的争论，一些评论认为，"一带一路"是中国地缘政治战略的一部分，目的是加强中国作为潜在全球领导者的地位，并提高其经济竞争力。报告也指出，许多项目虽然被称为"一带一路"计划，但依据什么标准分类并不清楚，因此影响了观察者的判断。中国对希腊比雷埃夫斯港的投资始自2009年，在"一带一路"倡议提出之前就已经启动，而现在却被视为"一带一路"的重要项目。它不受明确的发展计划和预算的约束，也不受相关的明确项目清单的约束，也没有明确的地理和经济界限，似乎是随着个别国家与中国的接触程度和进展而演变的，是一个开放性的合作模式。① 欧盟的这种疑惑促使它采取谨慎

---

① Bianca Cosentino, Dick Dunmore, Simon Ellis and Alberto Preti, "The New Silk Route-opportunities and Challenges for EU Transport", January 2018, https://research4committees.blog/2018/01/16/the-new-silk-route-opportunities-and-challenges-for-eu-transport/.

观望的态度。

**2. 参与期**

2015年欧盟开始做出正式回应。2015年5月，欧盟委员会主席容克表示，欧洲的投资计划（又称"容克投资计划"）与中国的"一带一路"倡议互相融合没有重要的障碍，"中欧双方应保持透明度并开展合作，我们可以努力确保双方的合作无论在宏观层面还是在技术层面都能对接"①。随着双方交往的深入，有关中方的互联互通倡议和欧洲泛欧交通网络计划进行合作的提法开始出现。2015年6月，李克强总理访问布鲁塞尔参加中欧峰会，中欧双方提出"一带一路"倡议与"容克投资计划"对接、中欧建立互联互通平台等一系列举措，欧盟开始对"一带一路"倡议由观望到尝试参与。2015年中方牵头成立了亚洲基础设施投资银行，西欧大国英、法、德、意等纷纷加入，壮大了亚洲基础设施投资银行的合作基础。

欧洲对"一带一路"倡议的参与是伴随着其对这一概念和内涵逐渐有所了解的背景下发生的，双方的合作对接在性质上看是试探性的，而非战略或政策上的全面对接，总体上还是愿景导向的。一方面，中国

---

① http：//news.xinhuanet.com/english/2015－05/07/c_134218780.htm.

的"一带一路"倡议明确了建设的远景和指导原则("共商、共建、共享");另一方面,欧洲推动经济发展的"容克投资计划"以及一直推进的泛欧交通网络建设计划希望得到外界的支持,因此,双方不谋而合,各取所需。

### 3. 防备期

自2016年开始,欧盟及部分成员国的态度开始出现明显的转变。随着欧盟对"一带一路"倡议理解的加深,欧盟开始对其采取了防护立场,并加强了对欧洲市场和利益的保护。[①] 其中,最为显著的变化是欧盟开始高度关注"一带一路"可能带来的各种风险,以及这些风险可能对欧盟产生的影响。由此,欧盟陆续出台了一系列具体举措,比如积极推动形成欧盟层面的投资安全审查机制,对包括中国在内的企业的投资尤其是对欧洲高新技术产业的投资加强审查。2016年欧盟更是加大对匈塞铁路等"一带一路"重要项目的审查力度。与此同时,中欧在贸易等领域固有的和持续增长的矛盾也与欧盟对"一带一路"建设的防范互相强化:欧盟批判中国"市场扭曲",不承认中国的

---

① 从欧盟成员国来看,它们对"一带一路"的态度也存在明显分化,即北部和西部成员国不积极,而东部和南部成员国积极;老成员国相对不积极,新成员国(尤其是中东欧国家)则相对比较积极。

完全市场经济地位，中国应提升市场准入，切实改善中欧贸易的互惠性并倡导公平贸易，在意识形态领域宣扬"中国威胁论"。

以德国为代表的欧盟重要成员国对中国怀疑情绪增强，认为"16＋1合作"和"一带一路"建设"不透明"、动机不明。欧盟认为一些基建项目如匈塞铁路等违背欧盟规则或者绕开欧盟规则行事。德国还认为中国在分化欧盟，让欧盟难以形成对华一致政策，在人权、南海仲裁等问题上无法形成对中国的一致立场。欧盟对中国发展跨区域合作的危机感、焦虑感增强，积极出台"柏林进程"①，加强在欧洲周边区域存在感和控制力度。2016年，欧盟在《对华战略新要素文件》中指出，"欧盟必须展现出强大的、明确的和统一的声音，无论是开展双边关系和次区域关系（如'16＋1合作'），欧盟成员国需与欧盟委员会、欧盟对外行动署和其他成员国合作，确保符合欧盟法律、规则和政策，整体结果对作为一个整体的欧盟有利"②。

### 4. 竞合期

当然，在防范的同时，欧盟同样也维持同中国的

---

① "The Western Balkan's Berlin Process: A New Impulse for Regional Cooperation," Briefing 4, July 2016, European Parliament.

② European Commission, "Elements for a New EU Strategy on China," Brussels, 22.6.2016, JOIN (2016) 30 final.

合作关系。2017年6月，在中国—欧盟领导人第十九次会晤中，双方同意加强"一带一路"倡议与欧洲投资计划的对接，欢迎签署《丝路基金和欧洲投资基金促进共同投资框架谅解备忘录》，设立中欧共同投资基金，并确定双方将通过亚洲基础设施投资银行、欧洲投资银行、欧洲复兴开发银行等多边开发机构促进相关合作。2017年5月14日，欧盟对外行动署网站公布"一带一路"有关的信息。欧盟支持"一带一路"建设，并在此基础上与中国开展合作。欧盟仍强调中国需要坚持市场规则、欧盟和国际标准，并与欧盟政策和项目相辅相成，从而给沿线所有国家带来好处。欧盟支持基础设施升级的举措，这有助于欧亚地区经济的可持续增长。

从欧盟官方代表的表态也可以看出，该机构对"一带一路"倡议和"16+1合作"仍有务实和积极的一面。欧盟新任驻华大使郁白在2018年11月13日16+1智库网络在京举办的国际学术研讨会上做了积极表态。他认为，中国通过"一带一路"倡议创造欧亚大陆之间互联互通和相互依赖。在古代，通过丝绸之路，中国建立了一条知识之路，将古罗马、希腊、中国和印度文明联系起来，促进了人类知识、思想和文明的碰撞、交流与借鉴。中国如果和欧盟强化思想交流和务实合作，"一带一路"倡议将会取得重大的成功。"16+1合作"机制受到了东欧和巴尔干地区国家，比如塞尔维亚、马其顿和波斯尼亚与黑塞哥维那等国家的欢迎。欧盟内国家对这一机制有不同的观点，不同的国家有不同的偏好，这是自然的。欧盟成员国有的国家喜欢打篮球、有的国家喜欢打高尔夫球，它们有选择自己合作伙伴的自由。①

2018年9月，欧盟发布《联通欧亚——欧盟战略的基石》(Connecting Europe and Asia—Building Blocks for an EU Strategy)的联合通讯，全面阐释欧盟推进欧亚互联互通的新战略。欧盟欧亚新战略强调了可持续性、广泛和以规则为基础的互联互通。② 由此，欧盟以实际行动做实中欧双方在互联互通上的竞合关系：一方面，欧洲大国或欧盟机构将自身的规则和实践作为保护墙，加大对欧盟共同市场和共同利益的保护，有选择性地与"一带一路"倡议进行合作，预防中国用开放的、协商式的做法来冲击欧盟高规则标准，巩固欧盟规范性共同体；另一方面，亚洲和欧亚大陆互联互通领域巨大的市场机遇、"一带一路"倡议所取得的成就和广泛影

---

① 据笔者参加该会议笔录。

② European Commission, "JOINT COMMUNICATION TO THE EUROPEAN PARLIAMENT, THE COUNCIL, THE EUROPEAN ECONOMIC AND SOCIAL COMMITTEE, THE COMMITTEE: OF THE REGIONS AND THE EUROPEAN INVESTMENT BANK: Connecting Europe and Asia-Building Blocks for an EU Strategy", Brussels, 19.9.2018, JOIN (2018) 31 final.

响力，使得欧盟在确保自身优先事项和具体利益得到维护的同时，寻求与中国具体、深入的合作。

欧盟出台这项新战略计划并非偶然。早在2018年4月，27位欧盟成员国的驻华大使（匈牙利未参加）汇编了一份报告，对中国"一带一路"倡议进行了尖锐批评，认为该倡议"阻碍了自由贸易，并使中国企业处于优势地位"，还强调了地缘政治、发展和监管方面的挑战。此后，各种公开和私下渠道不断传出欧盟要出台欧洲的互联互通战略，体现欧盟在规则、战略上的诉求，直到该项战略在2018年9月正式公布。该项战略出台意味着欧盟试图统一协调成员国在促进欧亚大陆的联通上的立场和政策。中欧之间合作与竞争关系将会延续下去，成为今后中欧围绕"一带一路"倡议合作的基本特点。

## 二 欧盟互联互通新战略与"一带一路"倡议

现阶段中欧之间在"一带一路"倡议下能够开展怎样的合作，可以从欧盟发布的欧亚新战略报告窥见一斑。该报告多次提到中国，总体而言其基调是既要寻求并加强与中国的合作，又要用欧盟的规范或国际规则影响甚至是约束中国的互联互通计划。这也构成今后欧盟欧亚新战略与"一带一路"倡议关系的总基调：两者既存在合作的空间和机遇，也在制度、规则（包括融资方式、项目招投标等）和话语权等方面面临竞争。抢占规则话语权、推动欧盟互联互通标准成为国际标准是欧盟新战略的核心之一。

首先是欧盟对中欧班列的看法。中国和欧洲的铁路运输增长强劲，这是双方合作的重点领域。但中欧班列经济的长期可行性和竞争中立方面临挑战，需要加以解决。欧盟正在支持联合国欧洲经济委员会的统一铁路法倡议，该倡议是为了统一欧亚大陆铁路货物运输的法律制度。欧盟将与有关铁路运输组织合作，扩大欧盟技术规范和安全管理框架的适用范围。对于欧亚互联互通，公路运输通常在中等距离上是合理的，可以成为运输网络中的辅助运输工具并与其他运输方式相结合。该报告认为，坚持铁路运输行业之间的公平竞争非常关键。

其次是强调让中国遵守国际规则。报告认为，欧盟与亚洲国家的双边合作应根据国别的实际情况展开。欧盟应加强与中国在基础设施和发展合作倡议方面的现有合作，推动中国实施市场准入和公平竞争原则，并在互联互通倡议中坚持国际标准。

再次是双方在互联互通平台的合作。加强与包括中欧互联互通平台在内的有关第三国的合作，在泛欧交通运输网络延伸的基础上，促进数字经济，高效的交通互联，智能、安全、稳定的流动性，促进投资公平。

最后是与亚洲基础设施投资银行开展合作。欧盟认为应深化与亚洲开发银行和亚洲基础设施投资银行的合作，同时确保合作中充分尊重欧盟的优先事项。

可以看出，欧盟版的"一带一路"比中国的"一带一路"倡议，既有其优点，也存在不少问题。比起"一带一路"倡议，欧亚新战略有其创新性，具体体现在以下两个方面：

（1）规则先行。更突出规则和制度建设先行，突出欧盟在打造单一市场互联互通上的经验，并试图将其制度和经验通过实施在欧亚的互联互通而上升为国际标准。

（2）风险担保。在融资方式上，提出资金担保的方式，鼓励民间和私营部门投资，欧盟机构则作为投资风险保障的主体，帮助投资企业提升风险预防能力。

相比较其创新性，欧亚新战略体现了更多的不足：

（1）理念创新不足。报告在互联互通的定义、运行方式和发展逻辑上的创新性不足，总体上并未突出"一带一路"倡议所形成的理念和框架。"五通"内涵丰富，形成的互联互通理念影响深远，成为颇具影响力的国际话语。欧盟新战略提出了"四通"——基础设施互通、数字互联互通、能源互联互通、人与人的互联互通等方面，总体仍未突破中方提出的框架，中欧双方在互联互通的理解上基本一致。

（2）融资存在短板。在撬动外部资金方面，与"容克投资计划"有相似的地方，但未设专门的资金池子（也有分析说设立了一定的额度，但未见明确信息），而是从现有的欧盟融资工具和金融框架安排（比如欧盟扩大战略、欧盟聚合基金等）中解决。考虑到欧盟现有各项金融工具安排无法满足市场需求，这种资金保障力度无法与"一带一路"倡议相提并论。据路透社报道，欧盟将从2021年开始的共同预算中拨出额外资金，与私营部门贷款和多家开发银行一道支持这项计划。这难免给人的印象是欧盟先是画了一张饼或者是路线图，直到三年后才能讨论专项建设资金问题。

## 三 欧盟内部区域不同国家和各种行为体对"一带一路"倡议的态度

### 1. 东西欧差异明显，南北欧各有侧重

西欧国家与中东欧国家之间的差异最为明显。如前所述，西欧国家对"一带一路"倡议和"16+1合作"更加谨慎，中东欧国家对"一带一路"倡议和

"16+1合作"态度相对乐观并持欢迎态度。"一带一路"在中东欧16国实现了全覆盖,中国与这些国家全部签署了"一带一路"合作备忘录,但该倡议在西欧的英、法、德等大国遭到质疑和防范。比如,从2016年开始,德国对"一带一路"呈现消极态度,这主要基于经济因素的考虑。德国担心中国的投资以及"中国制造2025"对德国"工业4.0"计划构成挑战,担心中国对其产业链条施加影响,例如其密切关注中国在东南欧的投资活动。德国前外长加布里埃尔曾表示,欧盟(及其成员国)需要提出一种替代"一带一路"的措施。他还表示,"一带一路"倡议正在推动建立一个与西方不同的新价值体系。

中东欧国家对"一带一路"倡议和"16+1合作"更为欢迎,但是中东欧国家内部差异也较大:一些国家更乐于接受中国的投资,与中国开展合作,如匈牙利[①]、捷克、塞尔维亚、克罗地亚、波黑等;一些国家则表现出更为谨慎的态度,强调遵守欧盟规则,更尊重北约等盟友国的利益,如波罗的海三国。部分中东欧国家精英认为,"一带一路"可以帮助弥合欧洲内部的发展差距,对遭受高失业率和经济增长放缓的中东欧国家而言,中国的投资是解决问题的很好办法。

---

① 匈牙利是第一个与中国签署"一带一路"合作备忘录的欧盟成员国。

南欧国家与中东欧国家态度比较类似，欢迎来自中国的投资。希腊、葡萄牙是其中的典型代表，中国大项目投资在南欧落地的趋势近些年来逐步增强，中国与希腊和葡萄牙签署了"一带一路"合作备忘录。北欧国家则显得更加务实，这些国家并不介意来自中国的项目是否是"一带一路"的，而是重点看能否给双方带来实实在在的成果。此外，近年来中国和北欧国家积极推动"极地丝绸之路"或"冰上丝绸之路"建设，北欧参与"一带一路"建设的地位和作用日益凸显。冰岛作为北极区域国家，与中国在极地问题上始终保持密切合作。2012年中冰两国签署《中冰海洋和极地科技合作谅解备忘录》，双方合作进一步深化。作为北极区域大国，芬兰对与中国在极地开展基础设施合作始终兴趣浓厚。芬兰欢迎中国提出的"冰上丝绸之路"倡议，希望推动其与国内"北极走廊"计划对接，使芬兰成为联通北极和欧亚大陆的枢纽国家。"北极走廊"可为"冰上丝绸之路"打通前往北欧国家和东欧市场的"最后一公里"，将中国、俄罗斯与"泛欧交通运输网"相连。

**2. 欧洲企业和城市（或地方）积极参与"一带一路"建设**

欧洲（部分）企业与城市对"一带一路"建设持

更加欢迎的态度。由于"一带一路"倡议主要是通过节点城市之间的互联互通来实现的,又因为这种互联互通主要通过地方政府和企业的参与和推动,所以企业和城市(或地方)成为"一带一路"倡议的重要参与主体,甚至是推动国家积极参与"一带一路"倡议的践行者。

欧洲一些从事出口贸易、工程建设和物流业务的大型企业积极抓住机会,争取参与"一带一路"项目。中小企业对"一带一路"倡议的兴趣度不大,因为"一带一路"涉及的项目更适合大型企业的参与,但随着中欧合作渠道的日益多元化,领域不断扩展,中小企业参与的机会和积极性都得到提升。一些德国企业对"一带一路"持欢迎态度,如 DHL 和德铁,西门子在 2018 年 3 月开设了专门的"一带一路"办事处[①]。德国联邦外贸与投资署首席执行官尤根·弗里德里希(Jurgen Friedrich)表示,德国和中国公司在"一带一路"建设中有很多合作机会,尤其是在基础设施、能源和咨询等行业。[②] 德国企业将更多的精力放

---

① Janne Suokas, "Siemens Sets up Belt and Road Office in Beijing", GBTIMES, March 23, 2018, https://gbtimes.com/germanys-siemens-sets-up-belt-and-road-office-in-beijing.

② AHK and GTAI, Neue Seidenstrae, "China's Massives Investitionsprogramm", Ausgbe 2018, http://china.ahk.de/de/news/single-view/artikel/dihk-und-gtai-stellen-gemeinsame-neue-seidenstrasse-studie-vor/?cHash=5d5ff35a4eb7000cccce3169b8f12d85.

在与中长期创建的新市场的互联互通上。对法国来说，更多"法国制造"产品和法国公司将欢迎"一带一路"建设，诸如核能企业有机会参与相关合作。当然，在欧洲也存在这样一种情况，在欧盟基金资助的项目上，欧洲企业相对排斥中国企业参与竞标。中国企业寻找的机会大多来自中国金融机构融资的基建项目以及欧盟支持力度不足的一些能源项目（如火电站）。

从地方政府来看，德国杜伊斯堡和汉堡、西班牙马德里、荷兰阿姆斯特丹和鹿特丹、葡萄牙的锡尼什、波兰的罗兹等地方政府争相成为中国入欧门户及"一带一路"区域枢纽。杜伊斯堡港、汉堡港和阿姆斯特丹港是中国合作大港，贸易合作紧密，也是中国货物进入欧洲的重要停靠地。正如《卫报》在德国的记者菲利浦·奥尔特曼（Philip Oltermann）所说，"一带一路"的基建规划把杜伊斯堡当作欧洲物流中枢，杜伊斯堡已经成了世界最大的内陆港。到达那里的列车80%来自中国，使其成了中国货物抵达欧洲的第一站。这些列车经过古代丝绸之路的北线，再经过中国霍尔果斯口岸、俄罗斯首都莫斯科抵达欧洲。2014年3月，中国国家主席习近平曾到访杜伊斯堡港。在当时的欢迎仪式上，北莱茵—威斯特法伦州（以下简称北威州）州长克拉夫特和杜伊斯堡市长林克均表示，将抓住丝绸之路经济带倡议为北威州和杜伊斯堡港带来的新机遇，加强同中国的合作。

波兰的罗兹和四川成都的合作也构成了地方合作推动中波合作的一个典范性案例。通过地方之间的合作，中波加深了了解，也提升了中国成都以及波兰罗兹在彼此国家的知名度。而宁波作为浙江省的一个地方城市，通过积极参与"16+1合作"和"一带一路"倡议，通过积极致力于打造中国—中东欧国家经贸合作示范区和推进中国—中东欧国家博览会等活动，为"16+1合作"打造了亮丽的地方合作名片，在中东欧国家获得了极高的认知度，也吸引了多个中东欧国家地方政府积极参与到合作中来。

### 3. 精英和民众对"一带一路"倡议的认知和参与差异明显

就"一带一路"倡议的认知而言，欧洲国家是典型的精英驱动模式。决策者和智库、媒体等基本形塑着欧洲大众对"一带一路"倡议的基本认识，并影响了欧洲国家公民对"一带一路"倡议的看法。欧洲精英总体上对"一带一路"倡议非常关注，仅就智库来说，近年来发表有关成果数量明显提升，参与对"一带一路"倡议看法研究的欧洲官方和民间智库明显增多。

有的欧洲精英认为中国正在建立一个以中国为中

心的"中心—边缘模式",基于不对称的关系对其他国家施加政治、经济和军事影响;有的认为"一带一路"是中华民族复兴的一部分,将会"强化中国的国家资本主义",中国国有企业和国有政策性银行在实施"一带一路"建设中发挥主要作用;有的认为"一带一路"和"16+1合作"对欧盟团结、欧洲安全和欧盟贸易投资和市场准入带来影响;有的认为"一带一路"是由中国共产党确定的中国总体中长期发展目标"两个一百年"目标体现的国内政治和经济要求所推动的;有的认为"一带一路"倡议为沿线欧洲国家提供了重要机遇,可以帮助弥合欧洲基础设施融资缺口,强化互联互通,将当地市场与区域和全球价值链连接起来,从而增加欧洲国家的贸易和投资。凡此种种,在欧洲舆论场中精彩纷呈,影响甚至主导了主流媒体和决策者的认知。有关精英对"一带一路"倡议的基本看法,可进一步参考本报告附录专门针对欧洲精英展开的问卷调查。

与此同时,客观地看,欧洲民众整体上对"一带一路"倡议和"16+1合作"并不熟知,甚至"16+1合作"已经执行了六年,但也并不为中东欧国家的民众所熟知。仅举一个例子,笔者受邀为商务部举行的中东欧国家企业管理人员和工作人员研讨班作讲座,讲座期间询问了大家对"一带一路"倡议和"16+1

合作"是否有所了解。部分人表示听过"一带一路"倡议，但询问该倡议的基本内容时，他们基本答不出来。笔者印象最深刻的是2018年6月给斯梅代雷沃钢厂职工所作的一次讲座，斯梅代雷沃钢厂是中国企业在中东欧地区的重要产能投资项目，也是"16＋1合作"的一个标志性项目。当笔者询问与会者对"16＋1合作"是否了解时，大多数人表示不知情，认为这只是中国企业在塞尔维亚的一个投资项目，不知道会与"16＋1合作"有什么关系。

**4. 欧洲大国对"一带一路"倡议态度分化明显**

欧洲大国对"一带一路"倡议持何种看法是一个重要问题，直接影响到欧盟机构和部分成员国对"一带一路"倡议的认知和参与。

德国和法国对"一带一路"倡议持相对消极态度，并引领欧盟机构朝着规制"一带一路"倡议的方向行走。2018年5月，默克尔第四次当选德国总理后首次访华，她对"16＋1合作"采取较为温和的态度，认为"16＋1合作"是对欧洲发展的积极补充，并没有分化欧盟，"16＋1合作"是一个有益的合作平台，有利于促进中东欧国家基础设施建设。德国赞同有关合作遵循欧盟法律规制，实现互利共赢。尽管如此，默克尔在多个场合的表态还是存在矛盾的，多数时候甚至是消极的。比如,默克尔在2018年2月会晤马其顿总理佐兰·扎埃夫就强调,中国不应该利用其在西巴尔干地区的投资来获得政治优势。此前,时任德国外长的加布里埃尔曾指出,"如果不制定有关中国的欧洲战略,那么中国将可能会成功分裂欧洲"。法国总统马克龙在2018年1月曾指出,"一些欧洲国家与中国合作是以牺牲欧洲利益为代价的",这将中国与欧洲国家的合作置于腹背受敌的境地。法国、德国等还积极推动欧盟出台措施限制外资特别是中国投资。欧盟委员会主席容克坚持推进实施一个投资筛选框架,来审查外国国有企业在欧盟的投资项目。① 2017年9月,欧盟提议了一项法规,并发布一份工作文件,来帮助欧盟和成员国审查外国直接投资,特别是关于欧盟及其成员国安全或公共秩序的外国投资。2018年11月20日,欧洲议会和28个欧盟国家谈判代表暂时同意此项提案并达成协议,将保护战略性技术和基础设施,比如港口和能源网络等。

如果把南欧国家意大利和西班牙也列入欧盟大国的话,那么它们的态度与法、德是有所不同的,总体而言,它们对"一带一路"倡议持肯定甚至是支持的

---

① European Commission, "President Jean-Claude Juncker's State of the Union Address 2017", Brussels, September 13, 2017, http://europa.eu/rapid/press-release_SPEECH-17-3165_en.htm.

态度。部分大国对"一带一路"倡议有着复杂的考虑，并不意味着全盘否定或者排斥该倡议。比如说意大利，虽然它支持对中国投资的安全审查，但也希望能有参与"一带一路"倡议的机会。2018年10月1日，旨在协调和强化与中国经贸合作的意大利中国任务小组在罗马正式成立。意大利经济发展部副部长杰拉奇表示，这一新机构的成立将促进意中两国在经贸领域的全方位合作。据介绍，中国任务小组将接受意大利经济发展部和外交部的共同指导，由意大利经济与财政部、内政部、教育部等部门共同参与，杰拉奇负责协调指挥。意大利经济发展部表示，中国任务小组的主要任务是加强意中两国在贸易、金融、投资、研发等领域以及在第三国的合作，并确保意大利在欧盟与中国开展"一带一路"等框架下的合作过程中发挥领导作用。西班牙则积极参与"一带一路"倡议框架下的相关活动，并欢迎来自中国的投资和人文交流。2017年5月，西班牙时任首相拉霍伊参加了"一带一路"国际合作高峰论坛，并表示西班牙将积极支持并参与"一带一路"倡议。义乌—马德里中欧班列的开通和运行，中国和西班牙在港口领域日益加深的合作，成为双方合作的重要抓手。尽管西班牙没有同中国签署"一带一路"合作备忘录，但在参与有关项目上持积极和开放态度。

## 四 部分中东欧国家参与"一带一路"和"16+1合作"动态

### 1. 波兰

从笔者2017—2018年采访调研情况看,波兰政府支持"一带一路"倡议和"16+1合作",并希望能够达成更多的务实合作成果。2019年是中波建交70周年,波兰将会同中国举办一系列庆祝活动,巩固双方合作水平。

波方认为,良好的中波关系是推进"16+1合作"的基础,波兰政府将积极推动维谢格拉德集团同中国的合作,对于中方将"V4+中国"合作提升至副部长级表示赞赏。在"16+1合作"框架下,波兰承接了多项合作机制,包括中国和中东欧国家投资促进协调机制、中国和中东欧国家海事合作等,在"16+1合作"中扮演了重要的角色。波方同时也强调,从2012年提出"16+1合作"时起已过去了六年,无论中国、欧洲、中东欧还是波兰,面临的基本情况都发生了变化,这也意味着先前的"16+1合作"框架得因形势需要做出一定的改变,而不是维持现在的形式。双方在新阶段的期望发生了变化,分歧在增多,但管理分歧的能力也在提升。

波兰对贸易逆差问题一直保持着关注,2018年5

月笔者参加了波兰卡托维茨经济学大会，并做为主发言人参加了中国和波兰战略伙伴关系的讨论，与会发言人就贸易逆差问题进行了交流。与会的有波兰财政部副国秘瓦尔沙克、中国知名经济学家林毅夫、波兰亚洲商会主席别霍钦斯基、中国—中东欧基金波兰代表奥斯托夫斯基等。林毅夫表示，贸易逆差是个经济学问题，跟产品竞争力相关，很难想象一些国家会把贸易逆差看成是一种罪孽或者祸根，即使中国政府进行干预，也不能从根本上解决贸易逆差问题，如果波兰自身的产品没有竞争力，就无法进入中国市场，逆差问题也无法解决。

但波方仍对改善双方贸易逆差抱有期待，关切中国扩大开放的相关举措是否能早日惠及波兰，尤其是扩大进口以及加强市场准入、优化营商环境等方面。波方积极参加"一带一路"倡议，希望在这个更大的平台上，能产生很多切实的成果。

波兰新政府积极推进国家干预主义，政府总理莫拉维茨基与林毅夫一直有着比较好的私人往来，目前也积极采取国家干预主义措施来推动波兰经济发展。未来，波兰政界和中国学界关于国家治理的经验的交流将会进一步密切。

### 2. 匈牙利

匈牙利无疑是"一带一路"倡议和"16＋1合作"

的积极参加者和推动者，中国对匈大项目投资也逐步得到推进，经贸合作水平稳步提升，人文交流取得积极进展。2017年第六次中国—中东欧国家领导人峰会在布达佩斯成功举办，峰会发布的《布达佩斯纲要》为"16+1合作"发展做出了积极的推动。匈牙利国际事务与对外贸易部主管文化和科学外交的国务秘书伊斯特万·伊吉亚尔托（Istvan Ijgyarto）表示，"16+1合作"的魅力在于在17国之间提供了一个互学互鉴的平台，双方将各自的最好实践（best practice）分享给对方，带来更多的合作思路扩展。① 匈牙利是欧洲第一个同中国签署"一带一路"合作备忘录的国家，积极参与"一带一路"倡议下的重大项目，并积极推动本国"向东开放"战略与"一带一路"倡议相对接。

匈方认为，"16+1合作"和"一带一路"倡议具有重大潜力，其中旅游合作、农业合作、电子商务、地方合作、人文交流被认为是有着重要合作潜力的领域，将成为未来五年"16+1合作"的增长极。匈方认为中小企业合作在未来也是重要的领域，但目前中国要解决匈牙利中小企业在华市场准入问题。由于中东欧国家中小企业普遍缺乏竞争力，如何进入竞争激烈的中国市场，仍然是一个亟待解决的问题。

---

① 以上内容源自笔者2017年11月在匈牙利参加的国际研讨会笔录。

匈方积极和高度评价中国国际进口博览会在推动外国商品进入中国市场的积极作用，匈牙利总理欧尔班参加了中国国际进口博览会对推动中匈在贸易领域的深度合作将发挥积极作用。匈牙利是首届中国国际进口博览会上中东欧地区唯一的主宾国。匈牙利政府把参加中国国际进口博览会视为继续扩大双方在"一带一路"框架下合作的重要机会。在国际进口博览会上，匈牙利国家馆由五部分内容组成，分别为文化、旅游、投资与贸易环境、科技创新和农业板块，全面展示匈牙利独特的文化旅游资源、优越的投资与贸易环境以及区域物流优势，匈牙利的贵腐葡萄酒、蜂蜜、萨拉米肉肠等著名特产纷纷展出。匈牙利参展的另一大亮点，是中欧商贸物流园区和中匈宝思德经贸合作区，这两大国家级境外经贸合作区积极吸引国内外企业入驻，发挥了匈牙利地处中欧的地理优势，有助于共同打造境外产业集群。

### 3. 捷克

捷克是较早与中国签署"一带一路"合作备忘录的国家，并积极参与"16+1合作"。目前，捷克承接着中国和中东欧国家地方合作的重要合作平台——中国和中东欧国家省州长联合会，在该联合会框架下，召开了多次地方领导人会议，形成"16+1合作"框架下中央和地方齐头并进的格局。

在"16+1合作"推动下，中捷之间在旅游、投资、人文等领域合作持续升温，中国游客赴捷克旅游的热情不减，布拉格成为中国消费者新的旅游热点区域，捷克每年举办一次规模较大的中国投资论坛，2018年的投资论坛在当年10月如期举行，超过250名中方嘉宾和近250名来自包括捷克在内的中东欧国家嘉宾参加了此次论坛。"16+1合作"六年，中捷之间不但升级为战略伙伴关系，而且还开通了直航，多家中国金融机构在捷克设立分支机构，多趟中欧班列行经或抵达捷克。捷信集团在中国的成功投资也成为中捷合作的亮点，捷信于2010年年底正式在中国开业。截至2018年，捷信在中国的业务已覆盖29个省份和直辖市，312个城市。捷信与迪信通、苏宁等全国知名的零售商有非常好的合作关系，通过超过25万个贷款服务网点，服务的活跃客户超过1900万人。

捷克毫无疑问也是地方合作的热点城市，近年来，浙江、河北、辽宁、四川等地与捷克中央和地方政府合作密切，形成了多项务实合作成果。捷克同中国的人文交流也非常丰富，中国多个高校和研究机构已成立捷克研究中心，捷克语言教学在中国得到积极发展。

捷克总统泽曼2018年11月率捷克外交部部长佩特日切克、农业部部长托曼和工贸部部长诺瓦科娃和庞大的企业代表团参加中国国际进口博览会，近70家企业随同参加进博会，展示了捷克工业代表和知名品牌，包括摩瑟水晶（Moser）、斯柯达汽车（Skoda）、太脱拉卡车（Tatra）以及佩卓夫钢琴（Petrof）等。此外玩具、飞机及食品等制造企业也有参展。目前，中国对捷克存在贸易顺差，借国际进口博览会之机，捷方希望能够改善对华贸易逆差状况。

### 4. 罗马尼亚

中国和罗马尼亚双边贸易2010—2018年取得长足进展，但双边贸易不平衡问题依然存在。罗方希望能够出口更多农产品到中国，并希望中国在基建、能源、电子通信、旅游等领域加强对罗马尼亚的投资。

从笔者2017—2018年的调研看，中罗之间有很多有潜力的项目，但落地困难，这些项目主要包括：①中广核有意投资的罗马尼亚罗维纳里3号和4号机组核电项目，造价70亿美元，因政局原因投资协商时断时续。②中国华电有意投资罗维纳里火电站项目，造价10亿美元，但因政局原因几度中断。③布加勒斯特—索菲亚高速公路建设项目，造价目前不清楚，也是欧盟主导的融资项目之一，中国企业目前很感兴趣。④跨多瑙河两座大桥建设项目，它是欧盟融资项目，受到许多企业关注，中国企业目前很感兴趣。目前，中国在罗马尼亚落地项目相对较少，主要是受制于一些政治因素的影响。总的来说,罗马尼亚现政府比较务实,希望能与中国谈成一些项目。罗马尼亚于2017年9月15日公布了针对中国公民简化签证,不用邀请信,也不用组团,5人以上就可以到罗马尼亚旅游。罗马尼亚旅游吸引力对中国本来不大,目前前往罗马尼亚旅游的中国人极少。以简化签证为契机,罗政府希望能吸引更多的中国游客。

### 5. 保加利亚

保加利亚是"16+1合作"和"一带一路"倡议的积极参与者,因其在2018年成功举办"16+1"总理峰会和"16+1"地方领导人会议而为中国和中东欧国家所熟知。

2018年6月29日,中国—中东欧国家智库会议在保加利亚首都索菲亚召开,本次会议主要为配合李克强总理访问保加利亚并出席中国—中东欧国家领导人峰会。保加利亚外交部副部长奥格尔·乔治耶夫在会议上表示,"16+1合作"机制下的投资及各类项目促进了中东欧国家的经济发展,保加利亚在农业方面与中国有着长久的合作基础,希望双方在基础设施建设、金融、信息技术以及医疗健康等领域能开辟新的合作空间。

保方与会专家表示,保加利亚承接了中国和中东欧国家农业合作联合会，对于推进"16+1合作"框架下的农业合作发挥了积极作用。不过，保加利亚农产品的品牌知名度似乎在中国市场上并不高，也没有大量出口到中国。考虑到产品竞争力问题，未来一段时间，保加利亚很难把农产品出口到中国。

保加利亚非常关注黑海地区形势。黑海区域各国国情复杂，大国势力盘踞且操纵地区局势的痕迹明显，地区形势极不稳定。考虑到黑海区域合作的松散性和多样性，谁将作为推动黑海区域同中国"一带一路"合作的主要驱动力量，将是一个重要问题。黑海地区有多个被冻结的冲突，乌克兰、纳卡地区、南奥塞梯和阿布哈兹等，这些被冻结的冲突可能会死灰复燃，影响到地区稳定，中国如何平衡好地区国家之间的关系将是一个问题。

中国对保加利亚的投资因受多重环境影响而出现连续搁浅现象，最典型的是中国海航集团于2018年7月放弃了对普罗夫迪夫机场35年租赁及运营权，此前中国海航集团在普罗夫迪夫机场的特许经营招标中胜出，但随后因中国海航集团内部问题而放弃；另一个项目是中兴通讯承接的索菲亚智慧城市建设也因中美贸易摩擦等因素而受到影响。

### 6. 塞尔维亚

中国和塞尔维亚关系近来发展迅速，成为中国和中东欧国家合作中的亮点之一。最近几年两国最高领导人实现了互访，并于2016年两国关系升级为全面战略伙伴关系。双向贸易和投资稳步增长，高层互访互动频繁，能源、基建、文化等投资项目纷纷落地。

塞尔维亚是中国在中东欧地区缔结的首个全面战略伙伴。塞尔维亚积极支持"一带一路"倡议和"16+1合作"，并与中国政府签署共建"一带一路"政府间谅解备忘录。近年来，中国对塞尔维亚投资显著增多，中国企业承建的贝尔格莱德跨多瑙河大桥、科斯托拉茨电站、河钢集团收购斯梅代雷沃钢厂等一批项目成功上马。2018年中国对塞尔维亚投资再掀高潮：2018年8月，山东玲珑轮胎投资9.94亿美元在塞尔维亚东南部的兹雷尼亚宁市自贸区内建设1362万套高性能子午线轮胎项目。同年9月，中国最大的黄金开采商——紫金矿业在竞购塞尔维亚最大铜矿项目中胜出。紫金矿业将斥资12.6亿美元收购塞尔维亚铜矿开采及冶炼企业RTB Bor 63%的股份。这些投资为塞尔维亚的经济发展注入活力，提升了两国在经贸领域的务实合作水平。除此之外，中国"一带一路"倡议在欧洲的标志项目匈塞铁路塞尔维亚段已经开工，进展顺利。

在投资热的驱动下，交通和金融的配套也积极跟进。中国和塞尔维亚间已经开通直航，金融机构在塞尔维亚已设立分支机构。为了便利人员往来，2017年1月，《中塞互免持普通护照人员签证协定》正式生效，塞尔维亚成为欧洲第一个对华采取普通护照免签的国家。

### 7. 克罗地亚

克罗地亚目前属于最晚加入欧盟的中东欧国家（2013年7月1日入盟），也是最早加入欧盟的西巴尔干国家。在申请入盟期间，克罗地亚并不十分关注中国，直到今天，欧盟、周边国家仍是其外交政策重点。加入欧盟后，克罗地亚对中国的关注度开始提升，尤其是在"16+1合作"的推动下，克罗地亚对中国的投资日益感兴趣。历任领导人从前总统梅西奇、前总统约西波维奇到现任总理普连科维奇等，都比较支持同中国发展友好关系。克罗地亚是半总统制国家，总统在外交、安全等领域享有权力，现任总统基塔洛维奇也对发展对华关系持开放态度，尤其是对克罗地亚参与"一带一路"倡议持积极支持态度。

克罗地亚目前采取多维度外交，外交风格务实色彩突出，同欧盟、美国、俄罗斯和中国都积极发展合作关系，而且有重点地推进合作领域，比如积极支持欧盟的各项合作倡议、重点推进美国对克罗地亚的能源投资、俄罗斯对金融（银行业）和消费品行业的投资、加强同中国在基建领域的合作。

在推进中欧海上丝绸之路建设上，中东欧国家可发挥举足轻重的作用，克罗地亚积极推动修筑中欧陆海快线到里耶卡港的互联互通路线，这条线路同样也较方便和快捷。目前，中国的宁波港同里耶卡港的合作较为密切，往来较多。

中国成功中标欧盟资助的佩列沙茨大桥项目对中克关系是一个极大的推动。该项目为中国基建企业在欧盟市场为数不多的使用欧盟资金实施的大型基础设施项目。中国路桥公司在投标的全程严格遵守欧盟相关法律法规，最终依靠过硬的专业技能、较低的施工成本、先进的管理经验以及丰富的国际化经验击败了奥地利知名建造商 Strabag 等其他竞争对手（具体情况参见第四章案例风险评估）。同时，通过积极推动西巴尔干地区的互联互通，中国有助于在当地树立良好的形象，打造中欧互联互通合作的典范。

### 8. 马其顿

2018 年 10 月 30 日，第五次中国—中东欧国家高级别智库会议在马其顿首都斯科普里顺利召开。本次会议由中国社会科学院、马其顿外交部、马其顿科学艺术院、中国—中东欧国家合作秘书处、中国国际问题研究基金会联手主办，马其顿外交部地缘战略研究和对外政策研究所、16+1智库交流与合作网络具体承办，是"16+1合作"框架下每年一度的重要人文交流活动之一。

马其顿高级别智库会议前夕，马其顿总理扎埃夫与中国社会科学院副院长王京清举行了会谈。扎埃夫高度评价"一带一路"和"16+1合作"所取得的成果，尤其是在基础设施建设方面马其顿受益颇多。马其顿虽然是小国，但是中国的"大朋友"，马其顿承接了"16+1合作"框架下的100亿美元专项贷款的资助的第一个基础设施建设项目，该项目很大程度上促进了马其顿首都斯科普里和旅游目的地奥赫里德之间的联系，有利于吸引中国更多的游客，服务经济发展。

2018年马其顿在国名谈判问题上取得积极进展，议会已经通过了国名更改问题的方案，如果希腊议会最终同意了马其顿国名更改方案，马其顿会在加盟入约的道路上迈出实质性一步。政治和解进程取得进展的马其顿，同样期待能有更多的外来投资提振本国经济，马其顿对于中国投资持积极支持态度。马其顿也积极参与"16+1合作"，目前承接了16+1文化合作协调中心，并将在2019年举办中国—中东欧文化合作论坛。

# 第二章 欧洲精英对"一带一路"倡议的看法

本次问卷调查延续了 2015 年和 2017 年调研的内容，但形式和执行方式上有所变化和调整，以便更深入和全面地了解欧洲国家精英如何看待"一带一路"倡议。本次调研采取下列方法：

首先，调研团队拟定了一份包含 260 多个潜在的被调查者的名单，这些被调查者主要来自学术机构、智库、商界和大学，名单的汲取主要来自 16 + 1 智库网络合作单位以及依托"一带一路"咨询公司提供的联络名单。这一名单基本涵盖了目前欧洲精英中对"一带一路"倡议比较了解而且很感兴趣的群体。通过掌握这一群体，来开展持续的调研，形成常规性的信息咨询网络。

其次，调研团队通过网络将问卷发放给抽样指定的精英，对方在网络上在线答题并提交。调研团队根据回答的结果进行统计分析。调研精英的选择主要参照国别方式，根据受访者所在国的人口、面积、经济规模和机构影响力等设置了不同的权重，确定不同的调研人数。

再次，调研团队根据连续三年的调研结果做出比较分析，系统考察欧洲精英态度和观点的变化，追踪变化的原因。通过一系列的持续跟踪调研，考察欧洲精英观点的变化，并着重加强对风向评估类问题的持续跟踪，以便为"一带一路"在欧洲建设提供预防性措施。

最后，为了提高调研的科学性和可靠性，本次调研与"一带一路咨询"（Belt and Road Advisory）团队开展合作，该团队掌握一定欧洲专家学者的资源库，由该团队进行先期摸底调研，提供必要的问卷调查对象，并最终形成调研结果，确保了调研对象的广泛性和代表性。

经过筛查，本次调研共收到了103份有效回复。上述问卷录入数据库后，通过SPSS数据软件进行了分析。

## 一　调研的基本情况

总体来讲，从2019年的调研看，欧洲精英问卷调查处于越来越完善的状态，无论在调研人群的选择、性别比例分布、国别分布和扩展、职业分布等均得到一定程度优化，被调研人群更具身份、国别和职业代表性。

### 1. 性别情况

表2-1　　　2015—2019年被调研男性和女性比例　　（单位：%）

| 性别＼年份 | 2015 | 2017 | 2019 |
| --- | --- | --- | --- |
| 男性 | 61.8 | 76.3 | 58.3 |
| 女性 | 38.2 | 23.7 | 35.0 |
| 拒绝回答 | — | — | 6.7 |

2019年度问卷调查中，男性所占比例较高，达到58.3%，女性为35%，还有近7%的人没有填答具体性别。在投放问卷时调研团队注意了性别比例的控制，从回馈来看，男性精英明显对调研的话题的兴趣较高，女性精英相对较低，导致问卷回收的结果仍有一定的不均衡性。但与2015年和2017年的问卷调查相比，男女性别比例的平衡性有明显的改善。

### 2. 年龄情况

表2-2　　2015—2019年被调研男性和女性各年龄段比例　　（单位：%）

| 年龄＼年份 | 2015 | 2017 | 2019 |
| --- | --- | --- | --- |
| 30岁以下 | 21.8 | 13.6 | 16.5 |
| 31—40岁 | 56.4 | 39.8 | 39.8 |
| 41—50岁 | 13.6 | 22.9 | 27.2 |
| 51—60岁 | 3.6 | 19.5 | 5.8 |
| 60岁以上 | 4.5 | 4.2 | 7.8 |
| 拒绝回答 | — | — | 2.9 |

从接受问卷调查人员的年龄构成看，30岁及以下的占16.5%，31—40岁的占39.8%，41—50岁的占27.2%，51—60岁占5.8%，60岁以上的占7.8%，被调研人群以中青年人为主，问卷调查年龄结构层次相对合理，梯度分明。2015年的问卷调查中，31—40岁的被调查者过半，占据了绝大多数比例。2017年的调查部分改变了这一情况，在不同年龄段的分配更加合理，至2019年被调研人员的年龄结构进一步优化，从年龄分布看，形成了以中青年为主、中老年精英为辅的格局。

### 3. 国别情况

表2-3　　　　2015—2019年被调研者国别分布情况　　（单位：人、%）

| 国别 \ 年份 | 2015 人数 | 2015 比例 | 2017 人数 | 2017 比例 | 2019 人数 | 2019 比例 |
| --- | --- | --- | --- | --- | --- | --- |
| 阿尔巴尼亚 | 1 | 0.9 | 2 | 1.7 | 2 | 1.9 |
| 奥地利 | 0 | 0 | 4 | 3.4 | 1 | 1.0 |
| 比利时 | 0 | 0 | 2 | 1.7 | 5 | 4.9 |
| 波黑 | 1 | 0.9 | 2 | 1.7 | 1 | 1.0 |
| 保加利亚 | 7 | 6.4 | 3 | 2.5 | 4 | 3.9 |
| 克罗地亚 | 1 | 0.9 | 3 | 2.5 | 1 | 1.0 |
| 塞浦路斯 | 1 | 0.9 | 0 | 0 | 1 | 1.0 |
| 捷克 | 7 | 6.4 | 3 | 2.5 | 5 | 4.9 |
| 丹麦 | 0 | 0 | 2 | 1.7 | 1 | 1.0 |
| 爱沙尼亚 | 2 | 1.8 | 2 | 1.7 | 1 | 1.0 |

续表

| 年份<br>国别 | 2015 人数 | 2015 比例 | 2017 人数 | 2017 比例 | 2019 人数 | 2019 比例 |
|---|---|---|---|---|---|---|
| 芬兰 | 0 | 0 | 3 | 2.5 | 1 | 1.0 |
| 法国 | 3 | 2.7 | 4 | 3.4 | 4 | 3.9 |
| 德国 | 5 | 4.5 | 4 | 3.4 | 5 | 4.9 |
| 希腊 | 0 | 0 | 3 | 2.5 | 1 | 1.0 |
| 匈牙利 | 6 | 5.5 | 10 | 8.5 | 4 | 3.9 |
| 意大利 | 1 | 0.9 | 3 | 2.5 | 7 | 6.8 |
| 拉脱维亚 | 1 | 0.9 | 3 | 2.5 | 1 | 1.0 |
| 立陶宛 | 1 | 0.9 | 2 | 1.7 | 2 | 1.9 |
| 马其顿 | 4 | 3.6 | 5 | 4.2 | 2 | 1.9 |
| 马耳他 | 1 | 0.9 | 0 | 0 | 1 | 1.0 |
| 黑山 | 1 | 0.9 | 2 | 1.7 | 1 | 1.0 |
| 荷兰 | 3 | 2.7 | 3 | 2.5 | 1 | 1.0 |
| 挪威 | 0 | 0 | 1 | 0.8 | 1 | 1.0 |
| 波兰 | 29 | 26.4 | 8 | 6.8 | 9 | 9.7 |
| 葡萄牙 | 0 | 0 | 1 | 0.8 | 2 | 1.9 |
| 罗马尼亚 | 14 | 12.7 | 8 | 6.8 | 2 | 1.9 |
| 塞尔维亚 | 7 | 6.4 | 17 | 14.4 | 4 | 3.9 |
| 斯洛伐克 | 5 | 4.5 | 3 | 2.5 | 7 | 6.8 |
| 斯洛文尼亚 | 2 | 1.8 | 6 | 5.1 | 0 | 0 |
| 西班牙 | 1 | 0.9 | 3 | 2.5 | 2 | 1.9 |
| 瑞典 | 4 | 3.6 | 1 | 0.8 | 1 | 1.0 |
| 瑞士 | 0 | 0 | 2 | 1.7 | 3 | 2.9 |
| 英国 | 2 | 1.8 | 3 | 2.5 | 8 | 7.8 |
| 白俄罗斯 | — | — | — | — | 1 | 1.0 |
| 冰岛 | — | — | — | — | 2 | 1.9 |
| 卢森堡 | — | — | — | — | 1 | 1.0 |
| 摩尔多瓦 | — | — | — | — | 1 | 1.0 |

续表

| 年份<br>国别 | 2015 | | 2017 | | 2019 | |
|---|---|---|---|---|---|---|
| | 人数 | 比例 | 人数 | 比例 | 人数 | 比例 |
| 土耳其 | — | — | — | — | 2 | 1.9 |
| 乌克兰 | — | — | — | — | 1 | 1.0 |
| 总计 | 110 | 100 | 118 | 100 | 103 | 100 |

从2019年调研问卷回收情况看，共有来自38个欧洲国家的被调查者填答了103份问卷，涵盖了欧洲大部分国家，问卷具有一定的权威性和代表性。103份问卷的数量级也符合精英问卷调查的基本数量要求，保证了分析结果的代表性。

与2015年和2017年的调查相比，2019年的调查涵盖的欧洲国家更多（共38国），2015年为25国，2017年为31国。三次调查均以中东欧16个国家作为主要的调研对象，所以来自中东欧国家的被调查者的比例略高，但2019年的调查明显更加均衡，中东欧国家问卷数量进一步下降，南欧、北欧和西欧国家问卷数量增多。部分国家出现比例明显偏高情况有所改观，比如波兰在2015年的调查中有29名被调查者，塞尔维亚在2017年的调查中有17名被调查者，大大超过其他被调查国家的人数。这种情况在2019年的调查中得到优化，被调查的国家和区域更具有均衡性，最多的国家波兰未超过9人。

### 4. 职业情况

表2-4　　　2015—2019年被调研者的职业分布情况　　（单位：人、%）

| 年份<br>职业 | 2015 | | 2017 | | 2019 | |
|---|---|---|---|---|---|---|
| | 人数 | 比例 | 人数 | 比例 | 人数 | 比例 |
| 官员 | 20 | 16.9 | 20 | 16.9 | 14 | 13.6 |
| 智库学者 | 31 | 26.3 | 31 | 26.3 | 30 | 29.1 |
| 新闻记者 | 8 | 6.8 | 8 | 6.8 | 0 | 0 |
| 大学教师 | 32 | 27.1 | 32 | 27.1 | 48 | 46.6 |
| 其他（企业家） | 27 | 22.9 | 27 | 22.9 | 11 | 10.7 |

从职业构成情况看，2017年的调查主要有官员（16.9%）、智库学者（26.3%）、新闻记者（6.8%）和大学教师（27.1%）这四种群体。在"其他"类目选项中，有在非政府组织的工作人员、有大学在读博士生，还有咨询公司咨询师、工程师、私营业主、企业工作人员等。被调查人员的职业构成较为均衡。2015年的问卷调查中，官员占据的比例较高，新闻记者占据的比例较少。2019年的调查进一步优化了被调查者的职业比例。其中，大学教授所占比例最高，为48人，其次是智库学者，为30人，官员14人，企业家11人，2019年没有针对新闻记者的调研。

## 二 欧洲精英对"一带一路"倡议的了解情况

欧洲精英对"一带一路"倡议的了解,主要从"一带一路"倡议的目的、对"一带一路"倡议一些基本表述的判断来做出评测。从反馈的情况看,欧洲精英认为"一带一路"倡议的目的主要是解决国内发展问题,推动新形式的全球治理和全球化也占据重要选项,再者,欧洲精英认为"一带一路"倡议旨在推动以互利共赢为特点的经贸合作。几年的调研情况比较,欧洲精英对"一带一路"倡议基本面了解比较准确。在对"一带一路"倡议的一些基本表述上,欧洲精英理解比较到位,比起前两次调研,对"一带一路"倡议的定位更加明晰,即认为"一带一路"倡议是一项秉承共商、共建和共享的倡议,虽由中国提出,但是多边参与的项目,而且有助于推动贸易畅通。"一带一路"倡议不只关注中国的利益,而是惠及其他国家,并不只聚焦基础设施建设和经济方面,而是一项综合性的倡议。

下面就具体调研情况进行分析。

### 1. 关于"一带一路"倡议的目的

关于"一带一路"倡议的目的,2019 年的调研有所调整，首先是扩大了选项，充分考虑到中欧双方在"一带一路"倡议上的重点关切并将它们纳入选项当中；其次是在诸多的选项中又有所聚焦，即受邀答题者只选择其中五个最重要的内容，而不是泛泛地无限制地选择。同时，在最重要的选项中，又列举了优先次序，哪些是最首要的，哪些是次重要的，这就避免了不分主次问题，也能够综合看到欧洲精英对"一带一路"倡议的目的的判断。

表2-5　在您看来，"一带一路"倡议的主要目的是什么？（单位：人、%）

| 内容 | 首选人数 | 比例 | 总计人数 | 比例 |
| --- | --- | --- | --- | --- |
| 解决发展中国家的投资需求 | 3 | 2.9 | 22 | 21.4 |
| 中国的国内发展 | 22 | 21.4 | 63 | 61.2 |
| 中国国内政治利益 | 7 | 6.8 | 36 | 35.0 |
| 中国在世界范围内的崛起 | 12 | 11.7 | 42 | 40.8 |
| 中国寻找自然资源 | 3 | 2.9 | 21 | 20.4 |
| 中国寻找新的市场 | 8 | 7.8 | 46 | 44.7 |
| 建立新形式的全球治理/新形式的全球化 | 14 | 13.6 | 45 | 43.7 |
| 建立新的地缘政治秩序 | 6 | 5.8 | 27 | 26.2 |
| 扩展中国的影响力 | 14 | 13.6 | 55 | 53.4 |
| 推动全球贸易增长 | 3 | 2.9 | 30 | 29.1 |
| 加快对外部投资/利用好中国3万亿美元外汇储备 | 3 | 2.9 | 34 | 33.0 |
| 推动双赢合作 | 6 | 5.8 | 20 | 19.4 |
| 国际开发援助/支持 | 0 | 0 | 4 | 3.9 |
| 中国公司的国际化 | 1 | 1 | 34 | 33.0 |

在表2-5的统计分析结果中，调研团队提供了两个分析层次，第一个分析层次是列出首要选项的人数（即最重要目的的选择答案）以及所有选择这一选项的人数情况，这样就可以综合衡量出精英的主要关注点是什么。

从选项看，"一带一路"面向中国国内发展在最重要选项中名列第一，为22人，而在总人数选项中，依然是最高的，达到63人。其次为建立新形式的全球治理/新形式的全球化和扩展中国的影响力。首选人数均为14人，而总计人数则分别为45人和55人，基本反映出欧洲精英的看法。中国寻找新的市场在总计选项中占据第二的比例，表明大多数欧洲精英认为寻找和开发新的市场是"一带一路"倡议的主要目标之一。

总体而言，欧洲精英认为"一带一路"倡议的根本目的是促进国内发展以及新形式的全球治理/新形式的全球化并扩展中国的影响力。而中方积极倡导的"一带一路"倡议旨在推动全球贸易增长以及推动双赢合作等，也具有一定的选择率，但与前三项的差距较为明显。

### 2. 关于"一带一路"倡议的基本表述

那么，"一带一路"倡议实施五年来，欧洲精英会做出何种判断呢？为此，调研团队设计了 8 个选项来做出考察，具体情况见表 2-6。

表 2-6　　欧洲精英对"一带一路"倡议的基本判断情况　　（单位：人）

| 主题 | 首选人数 | 总人数 | 不同意 | 不关心 |
|---|---|---|---|---|
| "一带一路"倡议由中国提出，但会变成一项多边倡议，由多个行为体共同参与 | 6 | 39 | 47 | 17 |
| "一带一路"倡议的实施将秉承"共商、共建和共享"原则 | 12 | 46 | 29 | 28 |
| "一带一路"倡议将只关注中国的利益和收益 | 3 | 28 | 49 | 26 |
| "一带一路"倡议是由中国详细规划的一项具体战略 | 10 | 38 | 46 | 19 |
| "一带一路"倡议只是一个经济项目 | 3 | 14 | 79 | 10 |
| "一带一路"倡议是一个双通道，中国的产品和资金可以进入外国的市场，而国外市场的产品和资金也能进入中国的市场 | 8 | 43 | 34 | 26 |
| "一带一路"倡议将由中国和外国的机构和公司共同运营 | 6 | 29 | 46 | 28 |
| "一带一路"倡议将只聚焦重型基础设施建设 | 5 | 18 | 78 | 7 |

选择"一带一路"倡议的实施将秉承"共商、共建和共享"原则（46 人），占据了最高的比例，五年来，"一带一路"倡议的基本理念已经深入人心，也深刻影响到欧洲国家精英。选择"一带一路"倡议是一个双通道，中国的产品和资金可以进入外国的市场，而国外市场的产品和资金也能进入中国的市场（43 人），也就是传统意义上的贸易畅通问题。选择"一带一路"倡议由中国提出，但会变成一项多边倡议，由多个行为体共同参与，欧洲精英对这一点问题的理

解也基本准确（39人）。从这三项的选择看，欧洲精英的理解是很到位的，比起前两次调研，2019年调研对"一带一路"倡议的定位更加明晰，即认为"一带一路"倡议是一项秉承"共商、共建和共享"的倡议，虽由中国提出，但是多边参与的项目，而且有助于推动贸易畅通。

欧洲精英也有较高比例不认同某些说法，比如高达79人并不认为"一带一路"倡议只是一个经济项目，也有高达78人不认为"一带一路"倡议将只聚焦重型基础设施建设，还有高达49人不同意"一带一路"倡议将只关注中国的利益和收益这种说法。这些判断都表明，欧洲精英对"一带一路"倡议的认识深度和准确性均较佳，即认为"一带一路"倡议不只关注中国的利益，而是惠及其他国家，并不只聚焦基础设施建设和经济方面，而是一项综合性的倡议。但仍有一点不可忽视，即有46人不同意"一带一路"倡议将由中国和外国的机构和公司共同运营这种说法。部分欧洲精英留言认为，迄今为止中外共同开发和运营项目的情况并不普遍。

## 三 评估"一带一路"倡议在欧洲的建设情况

为了系统评估五年来"一带一路"倡议在欧洲的

建设情况，调研团队设置了相关的选题，主要包括"一带一路"倡议下中欧双方在具体合作领域的合作水平以及对双边和中欧关系的重要性，欧洲精英对"一带一路"倡议的进展和成就的认识，"一带一路"倡议在欧洲面临哪些风险和挑战，如何处理和解决这些风险和挑战，中欧之间在民心相通方面面临哪些问题等。本部分内容是 2019 年调研的核心，也是评估"一带一路"进展的核心部分。

从双边层面的调研看，贸易合作、基建投资、政治对话、人文交流等在"一带一路"倡议下的合作水平较高，对双边关系的影响程度也较高。从中欧合作层面的调研看，情况也是类似。欧洲精英对中欧合作的首选项是贸易开发，其次是基建合作投资，其他领域的选择倾向均不是十分明显，而在总体选择上，贸易合作为主，政治对话其次，人文交流再次之。

那么，五年来，欧洲精英对"一带一路"倡议的进展有何认识呢？主要体现在以下几方面：

第一，欧洲精英的共识（超过七成）是"一带一路"倡议对欧洲和世界来说是一种机遇和机会。

第二，欧洲精英认为"一带一路"倡议在欧洲取得的成果还相对有限，中国"一带一路"倡议在欧洲具体落地上应该得到进一步加强，有更多的务实成果。

第三，欧洲精英认为"一带一路"倡议和欧洲相关的区域发展计划有着一定的合作基础。

第四，欧洲精英认为中欧在政策沟通上还有很多工作要做，沟通的效果并不尽如人意。

第五，欧洲各国家政府、民众和欧盟机构对"一带一路"倡议展示出不同的看法。欧洲国家的政府对"一带一路"倡议表示了积极态度，民众居多并不关注，欧盟机构则对"一带一路"倡议总体持负面态度。

第六，在考察欧洲国家政府和人民对"一带一路"倡议的了解程度上，精英反馈认为，欧洲各国政府对中国的"一带一路"倡议不是很了解，而民众则表现更为不佳。

第七，欧洲精英认为"一带一路"现有的融资机制仍需进一步优化，才能推动"一带一路"倡议更好地在欧洲落地。

第八，欧洲精英对"16＋1合作"与中欧合作关系的认知存在矛盾，一方面认为"16＋1合作"可能会为中欧合作带来机会和协调空间，另一方面仍对"16＋1合作"动机持怀疑态度。

第九，欧洲精英认为，欧盟新出台的欧亚互联互通新战略可以与"一带一路"倡议进行很好的合作。欧洲精英在建议推动欧亚互联互通新战略同"一带一路"建设合作上持非常积极的态度，但也认为欧亚互联互通新战略出台的背景是基于"一带一路"倡议对欧洲利益造成威胁。

欧洲精英对"一带一路"倡议面临的挑战也进行了评估,认为中欧围绕"一带一路"倡议合作的风险也主要集中在贸易不平衡以及贸易结构的不平衡、中国基础设施建设的透明度问题、中欧双方在市场准入上缺乏互惠。对如何应对和解决上述风险和挑战,欧洲精英认为,中欧能够共同携手解决各自的关切问题,欧方希望中国能够提升互惠和市场开放程度、双方的倡议应充分对接以及鼓励投资的本土化和中欧公司更好合作等。

## 1. 中欧双方在具体领域的合作水平及重要性

自"一带一路"倡议启动以来,中欧双方在多个领域开展了丰富多彩的合作,这些合作主要集中在五通上,即政策沟通、设施联通、贸易畅通、资金融通、民心相通。上述领域合作水平如何,相关国家如何评价这种合作的重要性,欧洲精英的看法就成为"一带一路"倡议下中欧合作的"晴雨表"之一。中欧合作的情况也是类似。欧洲精英对中欧合作的首选项是贸易开发,其次是基建合作投资,其他领域的选择倾向均不是十分明显,而在总体选择上,贸易合作占主导,政治对话其次,人文交流再次之。总体而言,经贸合作的水平在欧洲精英眼中占主要地位。

表2-7 双边在具体领域的合作水平以及"对贵国重要性"情况 （单位：人）

| 具体领域 | 合作水平（1—5） | | 对贵国的重要性（1—5） | |
| --- | --- | --- | --- | --- |
| 在农业领域投资 | 4 | 19 | 2 | 30 |
| 在能源领域投资 | 7 | 43 | 0 | 54 |
| 在基础设施领域投资 | 18 | 48 | 22 | 73 |
| 在加工制造业领域投资 | 5 | 42 | 13 | 68 |
| 贸易开发 | 31 | 82 | 54 | 90 |
| 人文交流 | 7 | 77 | 3 | 56 |
| 政治对话 | 18 | 76 | 5 | 69 |
| 智库/专家交流 | 8 | 66 | 2 | 39 |

注：合作水平一栏提供两个数据，前面的数据表示首选项，后面表示总计项，对贵国重要性的统计同样如此。

从选项看，合作水平高的首选领域为贸易开发，其次为基础设施建设投资和政治对话。从总选择项看，首选同样为贸易开发，其次为人文交流和政治对话，然后为智库/专家交流。总体看，欧洲精英的感觉是双方在经贸领域合作规模在加大，合作水平的提升较为明显，第二大块实际上涉及人文交流的合作规模和水平同样增长较快，人文交流、政治对话和智库/专家交流的水平出现明显增长。

而在探讨具体合作领域对该国的重要性时，首选项仍然是贸易开发，其次是基础设施建设投资。从总体选项看，贸易开发占主，基础设施建设投资占据其次，政治对话和加工制造业领域投资占据重要比例。

总体来看，欧洲精英更看重经贸、基建、制造业领域的合作，但就他们具体感知而言，虽然经贸、基建领域合作有所提升，但实体领域合作有待加强，且精英认为尽管人文交流等活动很重要，但重要性不及实体领域合作。

表2-8　　　　　中欧合作水平及对欧盟的重要性　　　　（单位：人）

| 具体领域 | 合作水平（1—5） | | 对欧盟的重要性（1—5） | |
| --- | --- | --- | --- | --- |
| 在农业领域投资 | 0 | 12 | 0 | 21 |
| 在能源领域投资 | 1 | 39 | 2 | 53 |
| 在基础设施领域投资 | 18 | 52 | 7 | 64 |
| 在加工制造业领域投资 | 5 | 49 | 5 | 58 |
| 贸易开发 | 48 | 92 | 65 | 95 |
| 人文交流 | 8 | 66 | 2 | 49 |
| 政治对话 | 9 | 71 | 15 | 74 |
| 智库/专家交流 | 7 | 61 | 3 | 44 |

注：合作水平一栏提供两个数据，前面的数据表示首选项，后面表示总计项，对欧盟的重要性的统计同样如此。

中欧合作的情况也是类似。欧洲精英对中欧合作的首选项是贸易开发，其次是基建合作投资，其他领域的选择倾向均不是十分明显，而在总体选择上，贸易合作占主，政治对话其次，人文交流再次之。在欧洲精英看来，双方的经贸合作和基建合作还是取得了不少的成果，政治对话和人文交流合作水平总体在提升。基建领域投资虽然首选项高达18人，但总体选项中只有52人，落后于政治对话、人文交流和智库/专家交流。而对欧盟的重要性来说，首选是贸易开发，其次是政治对话，其他选项同样不明显。总体选项中，贸易开发占主，政治对话其次，基建领域投资再次之。

总体表明，欧洲精英认识到经贸合作和政治对话的重要性，认为虽然取得进展，但双方的政治对话依然需要进一步加强。

## 2. 欧洲精英对"一带一路"倡议的进展和成就的认识

"一带一路"倡议执行五年来，取得了什么样的进展，获得了什么样的成就呢？精英如何评估这些进展和成就就成为一个重要的指标。

调研团队就具体的问题分析如下。

表2-9 欧洲精英对"一带一路"倡议一些重要问题的看法评估 （单位：人）

| 主 题 | 完全同意 | 同意 | 不关心 | 不太同意 | 完全不同意 |
| --- | --- | --- | --- | --- | --- |
| "一带一路"倡议给整个欧洲带来重要机遇 | 17 | 56 | 21 | 8 | 1 |
| "一带一路"倡议对您的国家来说是一个机会 | 26 | 51 | 19 | 5 | 2 |
| "一带一路"倡议在欧洲取得了重要成就 | 1 | 19 | 35 | 39 | 9 |
| "一带一路"倡议在您的国家取得重要成就 | 5 | 17 | 27 | 33 | 21 |

续表

| 主　题 | 完全同意 | 同意 | 不关心 | 不太同意 | 完全不同意 |
|---|---|---|---|---|---|
| "一带一路"倡议和欧洲区域发展计划可以实现对接 | 19 | 72 | 11 | 0 | 1 |
| 中国政府和贵国政府的政策沟通进展顺利并取得良好成效 | 12 | 26 | 26 | 35 | 4 |
| 中国政府和欧盟机构的政策沟通进展顺利并取得良好成效 | 1 | 10 | 39 | 44 | 9 |
| 通过现有的机制,"一带一路"倡议在欧洲能够得到有效的执行 | 0 | 28 | 29 | 41 | 5 |
| 贵国政府对"一带一路"倡议持积极态度 | 22 | 37 | 33 | 11 | 0 |
| 贵国民众对"一带一路"倡议持积极态度 | 5 | 23 | 53 | 21 | 1 |
| 欧盟机构对"一带一路"倡议持积极态度 | 0 | 15 | 31 | 42 | 15 |
| 贵国政府对中国政治、经济和学术圈的了解比较充分 | 4 | 11 | 10 | 43 | 35 |
| 贵国民众对中国的了解比较充分 | 2 | 8 | 6 | 42 | 45 |
| "一带一路"融资机制很好地满足了双边需要,促进了中欧合作 | 0 | 13 | 31 | 50 | 9 |
| "16+1合作"对中欧合作有积极的影响 | 7 | 31 | 33 | 20 | 12 |
| "16+1合作"让中欧合作有了更大的协调空间 | 6 | 31 | 30 | 26 | 10 |
| 欧盟发布的"连接欧亚战略"与"一带一路"倡议有很大的对接潜力 | 8 | 51 | 32 | 10 | 2 |
| 欧盟的"连接欧亚战略"可以在标准制定上对"一带一路"建设有所帮助 | 8 | 69 | 21 | 3 | 2 |
| 欧盟"连接欧亚战略"表明欧盟把"一带一路"倡议视为一种挑战 | 7 | 48 | 28 | 19 | 1 |

上述问题分为两个层面：一个是询问所在国家精英对"一带一路"倡议的看法，一个是对中欧关系在

"一带一路"倡议下合作的看法。

总体来看,绝大多数欧洲精英认为,"一带一路"倡议对欧洲与精英所在的具体国家来说都是一个机会和机遇,其所占比例均超过七成。

而在探讨"一带一路"倡议在欧洲和精英所在国家是否取得重要成就时,居多数的精英认为并没有取得重要成就。

绝大多数欧洲精英认为,"一带一路"倡议和欧洲区域发展计划可以实现对接,双方对此有着较深厚的合作基础。

当询问"中国政府和贵国政府的政策沟通进展顺利并取得良好成效"以及"中国政府和欧盟机构的政策沟通进展顺利并取得良好成效"时,持否定意见的人数占据更高的比例,尤其是在与欧盟沟通方面,表示同意的只有11人,而不同意的高达53人,且表示并不关心的有39人,中欧在政策沟通方面的效果仍有待加强。

通过现有的机制,"一带一路"倡议在欧洲能够得到有效的执行,对于这个问题,欧洲精英更倾向于持负面态度,有46人表示不同意,而仅有28人表示同意,首选项则为0。总体来看,欧洲精英认为中国的"一带一路"倡议在欧洲落地应该进一步加强。

当询问政府、民众和欧盟机构对"一带一路"倡议的态度时，表现的情况也完全不同。

欧洲国家政府对"一带一路"倡议某种程度上是持积极支持态度的，表示同意的有59人，而不同意的只有11人。而欧洲国家民众对"一带一路"倡议的态度，最多的人选择漠不关心（53人），有28人表示同意，但也有22人表示不同意。而当谈到欧盟机构对"一带一路"倡议的态度时，表示同意的只有15人，首选项为0，表示不同意的高达57人，另有31人选择漠不关心。总体来看，欧洲国家的政府对"一带一路"倡议表示了积极态度，但民众居多是并不关注，而欧盟机构则对"一带一路"倡议总体持负面态度。

当询问不同阶层人群对"一带一路"倡议了解程度时，回答也是耐人寻味。当询问"贵国政府对中国政治、经济和学术圈的了解比较充分"这一问题时，绝大多人做了否定回答，为78人，而表示同意的仅有15人，当询问"贵国民众对中国的了解比较充分"时，则有更多的人（87人）表示不同意，仅有10人表示同意。从精英的反馈看，政府对中国的"一带一路"倡议较为不了解，而民众则表现更为不佳。

当询问"'一带一路'融资机制很好地满足了双边需要，促进了中欧合作"时，有59人表示不同意，而仅有13人表示同意，这表明，"一带一路"现有的融资机制仍需要进一步优化，才能推动"一带一路"倡议更好地在欧洲落地。

当询问"16+1合作"与中欧合作的关系时，欧洲精英略偏积极态度。"16+1合作"对中欧合作有积极的影响，针对这一表示，有38人表示支持，32人表示不同意。当询问"16+1合作"让中欧合作有了更大的协调空间时，37人表示同意，36人表示不同意。目前看，持正反观点的人基本持平，但观点略偏积极，这表明欧洲精英对"16+1合作"同中欧合作关系的认知仍处于一种矛盾当中，一方面认为"16+1合作"可能会为中欧合作带来机会和协调空间，另一方面仍对"16+1合作"动机持怀疑态度。

最后一个问题是考察欧洲"连接欧亚战略"同"一带一路"倡议的关系问题，当询问"最近欧盟发布的'连接欧亚战略'与'一带一路'倡议有很大的对接潜力"时，有59人表示支持，仅有12人表示不同意。询问"欧盟的'连接欧亚战略'可以在标准制定上对'一带一路'建设有所帮助"时，77人表示赞同，仅有5人表示反对。而在询问欧盟"连接欧亚战略"表明欧盟把"一带一路"倡议视为一种挑战时，多数人表示赞同，为55人，20人表示不同意。总体来看，精英在建议推动欧亚互联互通新战略同"一带一路"建设合作上持非常积极的态度，但也存在欧亚互联互通新战略出台的背景是基于"一带一路"倡议对欧洲利益造成威胁的观点。

### 3. "一带一路"倡议在欧洲面临哪些风险和挑战

欧洲精英对"一带一路"倡议在欧洲的成就和进展无疑有着复杂的看法,同时,也对成就和进展背后所面临的风险有着一定的看法。本次问卷调查,关于"一带一路"倡议在欧洲面临哪些风险和挑战也纳入进来。那么欧洲精英们是怎么认识这个问题的呢?

中欧之间的贸易不平衡以及贸易结构的不平衡、中国基础设施建设的透明度问题、中欧双方在市场准入上缺乏互惠、中欧双方的地缘政治利益不同成为欧洲精英的首要选择。总体选项虽有所差异,但大体相同。总结起来,中欧围绕"一带一路"倡议合作的风险主要集中在贸易不平衡以及贸易结构的不平衡、中国基础设施建设的透明度问题、中欧双方在市场准入上缺乏互惠。

具体调研结果见表2-10。

表2-10　　　　"一带一路"建设面临哪些挑战　　　　（单位：人）

| 主　题 | 最重要选项 | 总计选项 |
| --- | --- | --- |
| 中国的基础设施建设能力能否达到欧盟的标准 | 2 | 28 |
| 中欧之间的贸易不平衡以及贸易结构的不平衡 | 25 | 56 |
| 中国基础设施建设的透明度问题 | 19 | 68 |

续表

| 主 题 | 最重要选项 | 总计选项 |
| --- | --- | --- |
| 中欧双方的地缘政治利益不同 | 12 | 39 |
| 中欧双方的意识形态差异 | 4 | 26 |
| 规则的互认和法律的互让程度不够 | 2 | 38 |
| 在"一带一路"倡议的目标和蓝图方面中欧双方缺乏沟通 | 3 | 34 |
| 人力资本匮乏 | 2 | 8 |
| 决策者之间缺乏了解 | 1 | 20 |
| 中欧双方在市场准入上缺乏互惠 | 18 | 61 |
| "一带一路"在欧洲缺乏成功的旗舰项目 | 1 | 11 |
| 欧洲国家和欧盟机构同中国的"一带一路"倡议之间缺乏利益对接 | 1 | 15 |
| 中欧双方缺乏信任,欧盟一直对"16+1合作"持怀疑态度并认为中国"分而治之"欧盟 | 4 | 34 |
| 缺乏双赢的成果 | 0 | 9 |
| 欧洲国家对安全问题的关注 | 5 | 27 |

当询问"'一带一路'倡议在欧洲面临哪些挑战"时,首选项排序依次是:中欧之间的贸易不平衡以及贸易结构的不平衡,中国基础设施建设的透明度问题,中欧双方在市场准入上缺乏互惠,中欧双方的地缘政治利益不同。总体选项有所差异,第一位的是中国基础设施建设的透明度问题,第二位是中欧双方在市场准入上缺乏互惠,第三位是中欧之间的贸易不平衡以及贸易结构的不平衡。但前三位的问题基本没有变化。总结起来,中欧围绕"一带一路"倡议合作的风险也

主要集中在贸易不平衡以及贸易结构的不平衡、中国基础设施建设的透明度问题、中欧双方在市场准入上缺乏互惠。

那么如何来应对和解决"一带一路"倡议在欧洲面临的风险呢？对此，调研团队设置了两个问题：一个是同欧盟如何合作，一个是同具体国家如何合作。

### 4. 如何应对"一带一路"倡议面临的风险和挑战

如何解决上述面临的风险呢？欧洲精英给出了答案，这些答案有些包含在问卷的选项中，有些放在留言中，请读者根据需要参看调研报告最后的"政策建议"部分。

问卷分两部分询问欧洲精英：一部分是就具体国家开展调研，一部分是就欧盟机构开展调研。在中欧关系层面，欧洲精英希望中欧能够共同携手解决各自的关切问题，欧方希望中国能够提升互惠和市场开放程度、双方的倡议应充分对接以及鼓励投资的本土化和中欧公司更好合作等。在国别层面，提升互惠和市场开放程度均是首要解决的问题，具体国别的要求还体现在增加绿地投资、企业直接合作和双方在标准上的进一步合作等。

表 2-11　应采取何种措施解决"一带一路"在欧洲面临的问题
（同欧盟合作）　　　　　　　　　　（单位：人）

| 主题 | 最重要选项 | 总计选项 |
| --- | --- | --- |
| "一带一路"倡议和欧亚互联互通战略的实施相对接 | 14 | 37 |
| 实行免签证政策 | 0 | 12 |
| 鼓励投资本土化和更大范围使用本土公司/合同方 | 11 | 56 |
| 中国和欧洲企业要加强直接合作 | 9 | 40 |
| 建立新的"一带一路"对话机制来增强与欧盟机构的协调 | 10 | 37 |
| 在制定"一带一路"项目建设标准上引入欧盟机构制定的标准 | 9 | 49 |
| 中国应针对欧洲提升互惠和市场开放程度 | 30 | 76 |
| 在绿色发展和气候变化上中欧加强合作 | 2 | 20 |
| 提升"一带一路"建设项目的透明度 | 9 | 67 |
| 增加"一带一路"倡议下的绿地投资 | 1 | 23 |
| 增加民众间的相互交往 | 3 | 28 |
| 寻求联合资助在欧盟内的项目 | 2 | 22 |
| 中欧之间寻求共同经营在中亚和非洲的"一带一路"倡议项目 | 1 | 2 |

在探讨应采取何种措施应对上述风险时，欧洲精英也给出相对集中的答案。首选项分别为中国应针对欧洲提升互惠和市场开放程度、"一带一路"倡议和欧亚互联互通战略的实施相对接、鼓励投资本土化和更大范围使用本土公司/合同方、建立新的"一带一路"对话机制来增强与欧盟机构的协调。而在总体选项中，分别是中国应针对欧洲提升互惠和市场开放程度、提升"一带一路"建设项目的透明度、鼓励投资

本土化和更大范围使用本土公司/合同方以及在制定"一带一路"项目建设标准上引入欧盟机构制定的标准。总体而言，欧洲精英希望中欧能够共同携手解决各自的关切问题，欧方希望中国能够提升互惠和市场开放程度、双方的倡议应充分对接以及鼓励投资的本土化和中欧公司更好合作等。

表 2-12 应采取何种措施解决"一带一路"在欧洲面临的问题
（同贵国合作） （单位：人）

| 主题 | 最重要选项 | 总计选项 |
| --- | --- | --- |
| 实行免签证政策 | 0 | 13 |
| 鼓励投资本土化和更大范围使用本土公司/合同方 | 11 | 49 |
| 中国和来自贵国企业加强直接合作 | 12 | 64 |
| 建立新的"一带一路"对话机制来增强与贵国机构的协调 | 8 | 37 |
| 在制定"一带一路"项目建设标准上引入贵国机构制定的标准 | 12 | 40 |
| 在绿色发展和气候变化上加强合作 | 1 | 23 |
| 中国应针对贵国提升互惠和市场开放程度 | 23 | 73 |
| 增加"一带一路"倡议下的绿地投资 | 14 | 43 |
| 增加民众间的相互交往 | 2 | 43 |
| 提升"一带一路"建设项目的透明度 | 10 | 49 |
| 中欧之间寻求共同经营在中亚和非洲的"一带一路"倡议项目 | 0 | 13 |
| 寻求联合资助在贵国内的项目 | 7 | 37 |

首选项是中国应针对贵国提升互惠和市场开放程度、增加"一带一路"倡议下的绿地投资、中国和来自贵国企业加强直接合作、在制定"一带一路"项目

建设标准上引入贵国机构制定的标准。总体选项为"中国应针对贵国提升互惠和市场开放程度""中国和来自贵国企业加强直接合作""鼓励投资本土化和更大范围使用本土公司/合同方""提升'一带一路'建设项目的透明度"。

总体而言，询问的具体国家的立场与同欧盟的立场基本相同，提升互惠和市场开放程度均是要首要解决的问题。具体国别的要求还体现在增加绿地投资、企业直接合作和双方的标准上的进一步合作。

### 5. 中欧民心相通面临的挑战是什么

民心相通问题一直是"一带一路"倡议重点关切的一个问题，也被视为推进"一带一路"建设的重要基础。欧洲精英总体认为，人文相通项目应该通过更具深度和更有意义的方式来实现，现有的中欧人文相通的方式方法并不能完全解决双方的认知赤字，此外对于人文相通还应有一定的耐心并且是要妥善处理双方在意识形态上的差异。

表2-13　　　　　民心相通最大的挑战是什么　　　　（单位：人）

| 主题 | 最重要选项 | 总计选项 |
| --- | --- | --- |
| 意识形态差异 | 20 | 43 |
| 交流和互通的项目缺乏 | 16 | 54 |
| 双方缺乏合作的意愿 | 5 | 25 |

续表

| 主　题 | 最重要选项 | 总计选项 |
| --- | --- | --- |
| 人文相通需要更多的时间，短期内不会取得效果 | 26 | 83 |
| 人文相通项目应该通过更具深度和更有意义的方式来实现 | 35 | 85 |

民心相通在推进中欧互联互通上一直发挥着积极和重要的作用，但如何做好民心相通一直是一项重要的挑战。调研团队针对这种挑战设置了一个问卷选项，欧洲精英的回应基本情况为，首选项为人文相通项目应该通过更具深度和更有意义的方式来实现、人文相通需要更多的时间短期内不会取得效果、意识形态差异。总计选项为人文相通项目应该通过更具深度和更有意义的方式来实现、人文相通需要更多的时间短期内不会取得效果、交流和互通的项目缺乏。总体来看，精英的看法比较集中，人文相通项目应该通过更具深度和更有意义的方式来实现，现有的中欧人文相通的方式方法并不能完全解决双方的认知赤字，此外人文相通还应有一定的耐心，并且要妥善处理双方在意识形态上的差异。

## 四　"一带一路"倡议下发展中欧关系的建议

问卷的最后，还设置了一个开放性选项，就是欧洲精英对如何在"一带一路"倡议下发展中欧关系提出各自的建议。调研团队在此择出有代表性的建议列举如下：

（1）一些欧盟国家对政治差异（与意识形态差异不完全相同）缺乏关注，并不将其视为优先事项，因此没有足够的预算、人力资本，以及用于加强人与人之间的交流举措。中欧制度存在差异，中国的制度更具统筹性和效率性，作为资源的主要提供者，人心相通的方式方法具有鲜明的中国特色，在一定程度上反而会失去交流的意义。

（2）中欧在"一带一路"倡议上主要需要克服下列问题：欧盟对中国"一带一路"倡议的意图缺乏信任；对双赢和的市场开放失去耐心；全球地缘政治不确定性。

（3）总而言之，应该真正侧重于明确描述目标和实现目标的方式，而不是仅仅考虑可能带来的有益后果；此外，对话应包括充分遵守国际规则和条例，以及相关规则和条例的解决办法。对话应该旨在确保公平的竞争环境，这对于实施真正的双赢合作项目至关重要。

（4）政府或商会制定的任何公报或战略文件都需要从发现中国和欧盟之间的问题开始，并提出有证据支持的可采取行动的政策建议，提交给商务部。

（5）由于欧洲和中国的商业环境及商业文化有很

大不同，建议设立商业交流中心，在那里，来自欧盟和中国的公司可以了解更多关于他们国家的商业政策、行为等的信息。这个中心是双方都需要的。

（6）中国是欧盟的战略伙伴，但欧盟最重要的战略伙伴是美国（不仅在政治价值或投资额方面）。中国应该与它的合作伙伴将"一带一路"倡议作为解决全球问题（发展、环境、移民、恐怖主义等）的工具。

（7）应该邀请欧盟成为中国实施"一带一路"倡议的关键伙伴，这不是中国的战略，而是全球问题的解决方案。请允许我问三个问题：如果中国将欧盟作为实施"一带一路"倡议的关键战略伙伴，欧盟会如何反应？其他行为体会如何反应？对于欧盟来说，中国会比美国更可靠吗？这些问题我已经思考了很长时间，我认为中国和欧盟可以共同塑造一个更美好的世界。此外，应该考虑到，有效的联合项目比一般的合作框架更有说服力。是否已经对"一带一路"倡议下的最佳实践进行了相关研究？

（8）对于"一带一路"倡议和"16+1合作"，中国应该做出更加具体和详细的阐述。欧洲方面并不了解中国倡议的意图和内容。

（9）中国应该更多地关注欧盟成员国，迄今为止，中国与这些国家的经济合作有限，而不是过多地关注受青睐的合作伙伴。中国应该在加强知识产权保护方面做更多的工作。欧盟应该解除对中国的武器禁运。

（10）中国需要提交一份可信的政府公共采购协议，使公共采购更加公开。与欧洲企业做试点项目，对外国业者开放公共采购市场。

（11）中国在"一带一路"倡议项目交流上应该更加具体，并且集中力量在具体项目上。中国对不同部门的监管应该更加透明，应该考虑到外国合作伙伴的利益。

（12）毫无疑问，人文交流和学术交流都应该发展。它们始终是相互理解的第一步，建立新的学术交流形式有利于长期合作发展。

（13）加强全球创新政策/交流，以更好地发展双方（欧盟/中国）的创业、投资和协同效应。

（14）欧洲方面需要做好下列事情：①将增进对中国的了解和与中国的人文交流纳入政策议程（目前对太多欧盟国家而言，这已经超出了国内政策议程）；②加强欧盟国家与中国在基础设施项目和关键技术或资产投资谈判中的协调；③努力制定一项有效、可行和共享的"中国政策"。

（15）中方应做好如下事情：①增加贸易互惠；②提高"一带一路"倡议的标准、数据、法规、原理、沟通、目标等的透明度；③将欧盟视为一个整体，而不是单个国家的集合。

（16）中欧之间需要更多的公开对话。中国应该提供更多关于其项目的细节和透明度，同时与欧洲国家/公司合作制定目标和标准。欧洲国家应该寻找机会，在"一带一路"倡议框架下与中国合作，同时促进自己的利益。

（17）市场和投资准入更加互惠，中国经济进一步自由化；更加透明，更多对话，更多的政治和机构层面的交流，随后是人与人的交流；提供关于中国企业面临挑战和机遇的数据资料。

（18）设立"一带一路"倡议合作的退出机制，并研究加强欧洲—中国的最佳方式是什么（例如市场准入），然后围绕这些优先事项在欧洲制定"一带一路"倡议的实施方案（换句话说，制定一个"欧洲的'一带一路'倡议"，既满足欧洲的关注，又促进中国的利益）。我意识到这很有挑战性。

（19）加强中欧互联互通平台的工作（和可见性）；加强人文对话（尤其是学术交流和研究合作）；加强城市和省份之间的合作。

（20）学生交流一直是加强国家间合作的重要因素，德国和法国之间的和解遵循了这种模式。

（21）最重要的一步是加强中国与欧盟机构之间的高层对话，以解决在欧洲认为中国是潜在的威胁争论。

（22）"一带一路"倡议为欧洲描述了一个政治前

景，这是一个值得关注的问题，因为"一带一路"倡议应该为欧洲国家提供更详细的信息，不仅仅是在媒体上，同时应该有更多的专家向欧洲人民解释该倡议的具体内容。

（23）中国可以采取建立信任措施：采用有效的运营标准；更清楚地了解项目范围、意图和目的；改善对债务管理的开放程度和受援国的还款额度；"一带一路"倡议项目的采购竞争更符合国际规范。

（24）我们需要更多的联合项目，并进行大力宣传。我们联合培养更多的人才，因为我们依然要保证智库的长远发展。教育与技术为人才创造联合空间，利用实验室将学术精英联系起来，创造共赢。

（25）我们需要更加密切地关注绿色能源发展和气候变化问题的解决方案。我们在这个领域有很多潜在的协同作用。

# 第三章 "一带一路"倡议在欧洲总体风险评估

近两年来，"一带一路"倡议在欧洲面临的风险较多，风险发生的频度和等次也有加重的趋势。为了系统评估这些风险可能会对"一带一路"倡议所造成的影响，切实提升应对"一带一路"倡议在欧洲面临风险的能力和水平，笔者系统梳理和总结了可能面临的多项风险，经过筛选和整合，并依据影响权重，依次按照经贸合作、大项目进展、欧洲内部发展环境、欧洲外部发展环境、中欧双方彼此观念认知做出了系统分析，从而对各种风险进行评估和排序，做出如下评估结论：

## 一 中欧经贸摩擦成为首要风险

自1975年中国和欧共体确立外交关系以来，双边的经贸关系发展顺利，其间未受到重大干扰。然而，以 2017 年为分水岭，中欧现有的经贸摩擦开始加剧，欧盟开始极力强调对等（reciprocal）和公平（fair）贸易，指责中国在过去几年在市场开放、知识产权保护等方面改革进程缓慢。欧盟多方面指责中国，对中欧关系未来发展将产生严重的不利影响，也对"一带一路"在欧洲建设产生不利影响。

### 1. 以"市场扭曲"为名否定中国的市场经济地位

自 2017 年以来，以是否承认中国完全市场经济地位为契机，欧盟加大对华贸易压力。2017 年 12 月 20 日，《中华人民共和国为达到贸易防御之目的而存在显著经济扭曲状况的调查》报告在欧盟委员会正式发布。[①] 报告否定了中国市场经济建设所取得的成果，否定中国是市场经济国家，将中国特色社会主义市场经济体制打上了意识形态烙印，从而将中欧经贸合作意识形态化。

2017 年在 WTO 贸易协定规定中国 2016 年 12 月自动获得完全市场经济地位之时，欧盟百般推脱、寻找借口，最终欧盟机构以中国经济体制为着眼点，否定中国市场经济地位。

---

① "Commission Staff Working Document on Significant Distortions in the Economy of the People's Republic of China for the Purposes of Trade Defence Investigations", http://trade.ec.europa.eu/doclib/docs/2017/december/tradoc_156474.pdf.

早在 2016 年 11 月上旬，欧盟委员会已正式启动修改立法程序，向欧洲议会和欧洲理事会提交一项新的针对中国采取的反倾销、反补贴立法的提案，其核心内容是放弃原有立法中的"非市场经济地位"概念，代之以"市场扭曲"①的概念。经欧洲议会和欧洲理事会同意后生效。在欧盟发布的上述报告中，主要从三个层面分析了中国的"市场扭曲"状况：

第一层面主要分析中国的"宏观交叉扭曲状况"，报告分析了中国的社会主义市场经济、中国共产党、计划经济、国有企业、金融体系、中国的公共采购市场和对中外企业的投资限制等内容或方面存在明显的市场扭曲状况。

第二层面主要分析中国"生产要素领域的扭曲状况"，包括分析中国在土地、能源、资本、原材料及

---

① 2017 年 11 月，欧盟委员会正式启动修改立法程序，向欧洲议会及理事会提交修订反倾销法规的提案，提出在进行贸易救济调查时，不再使用"非市场经济"和"市场经济"这样的名单分类，而是采取"国别中立"，侧重于调查某国国内价格或者成本中出现"市场扭曲"的情况。报告提出了"显著经济扭曲"的定义："显著扭曲是指发生在申报价格或成本时的扭曲，由于政府持续干预和非市场因素影响而造成的原材料和能源的价格扭曲。"价格扭曲包含六个方面内容，分别是：1. 出口国当局通过企业所有制、对企业实行政策监管或者指导等方式使得企业很大程度上以非市场的方式运行；2. 国家力量在企业存在，并对企业产品价格和成本进行干预；3. 公共政策区分对待国内市场的供给方或用其他方式影响自由市场的力量；4. 没有乃至有差别地执行或未充分履行破产法、公司法或物权法；5. 工资成本被扭曲；6. 企业可以从执行出口国当局的公共政策或者缺乏独立的机构获得金融上的支持。

其他输入性材料和人力资源等领域存在的市场扭曲状况。

第三层面主要分析中国"特定生产部门的扭曲状况"，报告分析了钢铁生产领域、铝业生产领域、化学工业生产领域和陶瓷生产领域的市场扭曲状况。

《中华人民共和国为达到贸易防御之目的而存在显著经济扭曲状况的调查》报告认为，中国共产党作为中国的执政党，其不仅在国家政治生活领域有着无可比拟的影响，还在中国的宏观经济层面和微观经济层面有着强大的主导作用。中国的国家经济不再以市场规律为基础来运行，而是受到国家力量的重要影响。基于上述结论，欧盟坚持：

（1）不承认中国完全市场经济地位；

（2）由于中国的经济行为具有浓厚的国家意志，应当加强对中国对欧盟各国的直接投资，特别是中国国有企业在欧盟各成员国的投资和并购行为加强审查；

（3）提高中国特定生产领域的产品（钢铁、铝业、光伏等）进入欧盟的壁垒，保留对中国产品反倾销调查的权力。

上述事实表明，欧盟在WTO框架下自立新规，自设框架，为未来中欧经贸合作设纲设限。

## 2. 欧盟坚持中国"市场扭曲"会延续中欧经贸摩擦

欧盟的报告传达的信息是欧盟不会承认中国的完全市场经济地位。中国在2016年12月本应自动获得市场经济地位，但欧盟以修改反倾销调查方法来应对关于未履行WTO承诺的指责和诉讼，延续不承认中国市场经济地位政策。

欧盟坚持认为，所有WTO成员都应适用于同一方法，不再区分市场经济和非市场经济，调查倾销幅度是基于出口价格与出口国的国内价格或成本之间的比较，鉴于国家干预使出口国的国内价格或者成本扭曲，将以第三国的价格来计算国内价值。选择的第三国将与出口国经济水平发展相似，除了人均国民总收入和相关经济指标外，社会和环境保护水平也将被考虑在内。

欧盟上述举动预示着中欧经贸关系未来的贸易纠纷和摩擦会持续并会加剧。国企"走出去"尤其是对欧盟的投资将会受到进一步的审查和限制。欧盟放弃"市场经济地位"和"非市场经济地位"概念转而使用"经济扭曲"的概念，就是为了保留对华贸易的反倾销的法律基础。欧盟如果认定中国存在市场"严重扭曲"，仍然可以使用第三国的价格来判定是否存在倾销行为。欧盟反倾销调查新方法相比过去没有实质变化，只是将适用的条件从过去的"非市场经济国家"变成了"严重扭曲市场"。

因为造成中欧经贸摩擦的基本问题无法解决，中欧经贸之间的结构性矛盾就会持续存在，恶化双边经贸合作的氛围，削弱了双方在经贸合作上的政治互信，"双反"和投资安全审查的大棒可能随时被欧盟祭出来，对中国施加压力，"一带一路"在欧洲的贸易畅通面临较大的风险。

## 二 保护主义抬头是"一带一路"倡议在欧洲面临的第二大风险

2018年是"一带一路"倡议提出的第五年，至此欧债危机已经10年。这10年欧洲形势发生了深刻变化。欧洲持续动荡，尤其是陷于债务危机、乌克兰危机、难民危机、恐怖主义、英国"退欧"五大危机之中。危机连续不断地冲击欧洲，令其元气大伤。在全球格局深刻调整，尤其是包括中国在内的新兴经济体快速发展的情况下，欧洲陷入发展的瓶颈。危机不断叠加所造成的发展模式危机，令欧洲蔓延着较浓的悲观情绪。在内外因素交互作用下，欧洲的保护主义走上前台。

## 1. 社会政治思潮民粹化催生保护主义

民粹主义作为一种社会政治思潮曾在欧美国家长期存在，但由于中左和中右翼政党轮流执政并能够代表民意，民粹主义一直处于边缘地位。然而，自欧债危机以来，欧盟持续受到各种危机冲击，导致民粹主义政党在欧洲多个国家崛起，通过议会选举进入政府，挑战传统左/右政党的执政路线。疑欧或反欧盟①、反建制、保守主义和民族主义成为其主要政策取向。民粹主义政党近几年在欧洲具体情况见表3-1。

表3-1　　　　欧洲国家具有代表性的民粹主义政党②

| 政党谱系 | 政党 | 政治影响力 |
| --- | --- | --- |
| 激进左翼民粹主义政党 | 意大利"五星运动党"③ | 执政党，得票率31%（2018年） |
| | 西班牙"我们能" | 反对党，得票率21.2%（2016年） |
| | 希腊的激进左翼联盟 | 执政党，得票率35.5%（2015年） |

---

① 欧洲一些民粹主义政党只是"疑欧"，但并不意味着反欧盟，只是对欧盟持怀疑主义立场，或是批评欧元区，或是反对欧盟的紧缩政策。

② 目前，国际学界对民粹主义政党的划分是有争议的，而且并没有得到当事国政府的完全认同。笔者搜集整理上述内容，只是根据媒体惯用的立场和说法，并不必然表示作者同意其观点。

③ 意大利"五星运动党"的定位比较复杂，其主张既有极右的内容，又有极左的内容，但在欧洲议会内部该党所属党团是极右翼党团。

续表

| 政党谱系 | 政党 | 政治影响力 |
| --- | --- | --- |
| 保守右翼民粹主义政党 | 匈牙利青年民主主义者联盟 | 执政党，得票率49.27%（2018年） |
| | 捷克ANO2011 | 执政党，得票率29.64%（2018年）① |
| | 德国另类选择党 | 反对党，得票率12.6%（2017年） |
| | 奥地利自由党 | 执政党，得票率27.4%（2017年） |
| | 荷兰自由党 | 反对党，得票率13.1%（2017年） |
| | 法国国民阵线 | 反对党（2017年） |
| | 英国独立党 | 反对党（2017年） |
| | 芬兰人党 | 执政党，得票率17.65%（2015年） |
| | 波兰法律与公正党 | 执政党，得票率37.6%（2015年） |
| | 葡萄牙人民党 | 执政党（与社会民主党联合），得票率36.86%（2015年） |
| | 瑞士人民党 | 执政党，得票率29.4%（2015年） |
| | 丹麦人民党 | 反对党，得票率21.1%（2015年） |
| | 瑞典民主党 | 反对党，得票率12.9%（2014年） |

数据来源：笔者搜集相关信息整理。

在欧洲陷入危机时，欧洲精英的表现也让民众感到失望。民主政治在多个国家被异化为精英政治，而精英在作出决定时往往把普通民众抛在一边，民主体制对大众的诉求选择性地遗忘。在这种背景下，问题党、民意党、话题党迅速崛起。民粹主义政党迎合了民众的诉求，在宣传中表示关心普通民众，承诺以改善民众生活质量为主要出发点，是"真正"代表人民

---

① 捷克的ANO2011组阁经历波折，在2017年年底选举获胜后尝试组阁，但没有成功；2018年6月又再次组阁。

利益的政党。

民粹主义和保护主义一直相伴相生，两者互相借重。① 民粹主义政党的发展壮大导致欧洲整体上保护主义情绪浓厚，更强调对本国利益的保护。无论是左翼还是右翼的欧洲民粹政党，对目前经济全球化的看法总体都倾向于负面，都呼吁政府在国际合作中更加重视保护本国"人民"的利益，都程度不等地具有贸易保护主义色彩。

与民粹主义相关联的就是欧洲的政治极化问题。政治极化（political polarization）是指政治团体和个人针对某种意识形态问题或具体政策领域的政治立场和政治偏好趋于政治光谱的两极，并且两极的政治态度和政治偏好分歧较大、对立严重，难以协调和融合。②

欧洲政坛以往由左翼、右翼或具有中间色彩的政党执政，政治钟摆通过左、右和中间的调整与修正确保了政局和意识形态走向大体稳定。但近几年来，从数据看，欧洲主流政党承担的政坛稳定器的角色遭遇

---

① "Populism and Protectionism in the EU", https：//www. aspeninstitutece. org/news-article/populism-protectionism-european-union/.

② Paul DiMaggio, John Evans and Bethany Bryson, "Have American's Social Attitudes Become More Polarized?", *American Journal of Sociology*, Vol. 102, Issue 3, November 1996; Alan I. Abramowitz and Kyle L. Saunders, "Is Polarization a Myth?", *The Journal of Politics*, Vol. 70, No. 2, 2008.

挑战，欧洲政治的"极"化趋势表现得比较明显，尤其是极右翼势力在政治光谱中表现突出，与欧洲所谓传统的主流政治或建制主义显得格格不入，难以调和。① 据统计，在欧盟，近30个极右翼政党已对其所在的18个国家的政党格局产生影响，甚至在欧洲议会组成了欧洲极右翼政党联盟，对欧盟亦产生一定的冲击。精英之间在涉及国家发展战略上凝聚力下降，保守和极右力量借势上位，保护主义思维持续影响政坛生态。反移民、反多元、反一体化的极右翼势力与要求社会公平的极左翼在政治主张上差别很大，极右翼政党的市场更加广泛，其保护主义立场成为执政新名片。

极右翼立场是多元的，在不同的欧洲国家会有不同的表现，但本土主义、排外主义、福利沙文主义和种族主义是极右翼最为强调的观点。经济全球化和欧洲一体化是极右翼得以发展的主要动因，商品、资本、服务和人员不受限制地自由流动给西欧国家福利分配制度带来巨大压力，也加剧了劳动力市场的竞争，不断瓦解和重塑欧洲的劳动者阶层，给大量欧洲劳动者带来就业竞争压力。为了维护自身的利益，受到影响或损害的西欧劳动者倾向于用国籍、民族、种族、福利等作为排他性的标准，限制外来力量的进入，加强

---

① http://www.parlgov.org/.

自我利益保护避免自身陷入灾难性漩涡。① 多数时候，极右翼政党的意识形态和政策主张比较实用，其一方面坚持保守的社会文化价值取向，但另一方面主张大政府、福利国家、保护主义等经济政策。②

**2. 欧洲对"一带一路"建设实行保护主义的具体表现**

**（1）加强中国投资安全审查，强化市场保护**

自 2008 年金融危机以来，中国在欧洲的投资开始井喷式增长，从 2009 年的约 20 亿欧元增长到 2015 年约 200 亿欧元，2016 年达到 350 亿欧元，比 2015 年增长幅度高达 77%，比 2010 年增长幅度更是高达 1500%。③ 随着"一带一路"倡议的出台，中国在欧

---

① ［美］贝弗里·西尔弗：《劳工的力量——1870 年以来的工人运动与全球化》，张璐译，社会科学文献出版社 2012 年版，第 28 页。

② 史志钦、刘力达：《民族主义、政治危机与选民分野——2014 年欧洲议会选举中极右翼政党的崛起》，《当代世界与社会主义》2015 年第 2 期。

③ Mathieu Duchâtel, "Trump Trade Reset Gives China and Europe Opportunity to Rebalance Relations", ECFR, 16 March, 2017, www.ecfr.eu/article/commentary_trump_trade_reset_gives_china_and_europe_opportunity_7246; Thilo Hanemann and Mikko Huotari, "Record Flows and Growing Imbalances—Chinese Investment in Europe in 2016", Rhodium Group and Mercator Institute for China Studies, January 2017, http://rhg.com/wp-content/uploads/2017/01/RHG_Merics_COFDI_EU_2016.pdf; Gisela Grieger, "Foreign Direct Investment Screening: A debate in light of China-EU FDI Flows", European Parliamentary Research Service, May 2017, http://www.europarl.europa.eu/RegData/etudes/BRIE/2017/603941/EPRS_BRI(2017)603941_EN.pdf.

洲的重大基建、能源、产能等项目的投资大都被冠以"一带一路"项目，无形之中在欧洲舆论场中强化了"一带一路"的战略性。欧盟也日益担心"一带一路"建设通过投资强化中国在欧洲关键产业的存在，为中国在欧洲发挥影响力打下基础。欧洲大国，特别是德国对于关键技术流失、数据保护以及中国国有企业对其高科技企业并购的警惕性逐渐攀升，并且以国家战略和公共安全为由，加强对本国市场的保护。

2017年，德国、法国和意大利等呼吁在欧洲范围内（或欧盟层面）建立对外国收购加大审查力度的机制。德国于2017年7月通过《对外经济条例》第九次修正案，用于限制欧盟以外国家的并购行为。根据这项新法规，当欧盟以外的国家并购德国的一些掌握关键技术以及与安全相关技术的企业超过25%的股份时，德国政府可以以"对公共秩序的威胁"为由加强审查，甚至阻止收购，评估时间也从原有的两个月延长到四个月。[①] 英国也通过修改法律，将针对外国直接投资审查的范围扩展至小规模的海外并购，特别是在军民两用系统、先进技术部门以及军事领域。法国等也在陆续宣布加强投资审查，加强对本国高科技市场

---

① "New German Regulation on Foreign Investment Control", https://www.chinalawinsight.com/2017/07/articles/global-network/new-german-regulation-on-foreign-investment-control/.

的保护。

欧盟与成员国之间尚无相互协调的外资审查机制，各成员国的外资审查的适用范围不一。鉴此，欧盟委员会主席容克2017年9月提议，成员国应积极加强协调，在欧洲范围内建立一个类似于美国的外国投资委员会（CFIUS）的机制，预防当非欧盟国家国有企业对欧盟关键技术、敏感信息以及基础设施等战略性资源进行并购时，不仅对欧盟技术领先的国际地位不利，也会危及欧盟及其成员国的安全和公共秩序。[①] 2018年11月，欧洲议会批准了这项法律，允许为欧洲境内未来的外国投资创建一套预警机制，但各成员国将保留最终审批决定权。

**（2）加强对中国贷款的基建项目的审查力度**

基础设施建设是"一带一路"在欧洲增长最快的领域之一，在中国各种金融工具的支持下，中国在中欧和巴尔干的基建项目快速增长，这种快速的增长引发了欧盟的警觉和不安，并加大了对基建项目的审查力度，用欧盟规则进行限制，最突出的案例是：①中欧在西巴尔干互联互通上的合作；②欧盟对匈塞铁路建设的审查。

---

① "State of the Union 2017—Trade Package: European Commission Proposes Framework for Screening of Foreign Direct Investments", European Commission-Press, http://europa.eu/rapid/press-release_IP-17-3183_en.htm.

合作初期欧盟对中国在西巴尔干的基建表现出警惕的态度，但随着合作的展开，欧盟主动寻求与中方商谈，在西巴尔干的基础设施建设领域展开合作，既使双方合作互相借力，也希望中方的基建方案能在欧盟基建框架下执行。然而，随着中国贷款的多个基建项目在西巴尔干纷纷落地，欧盟疑心又起，积极出台"柏林进程"①、欧盟新巴尔干扩大战略②，在基建领域防卫中国的影响力。目前，欧盟出台了一系列推进西巴尔干互联互通计划，力图加强欧盟在本地区基建市场的话语权和影响力。与此同时，欧盟也同期加强了对匈塞铁路的审查力度，确保该项目按照欧盟的规则和标准执行（具体情况见《欧洲与"一带一路"倡议：回应与风险（2017）》）。这些变化表明，互联互通作为促进经济发展的重要领域，欧盟视为维护利益存在的重要方面，也开始加大保护力度，并且对中国的贷款行为和方式加强审查。

2017年年底，欧洲舆论炒作"一带一路"建设实际上正在打造"债权帝国主义"，批评中国投资对发

---

① "The Western Balkan's Berlin Process: A New Impulse for Regional Cooperation", Briefing 4 July 2016, European Parliament.

② "Communication from the Commission to the European Parliament, the Council, the European Economic and Social Committee and the Committee of the Regions, A Credible Enlargement Perspective for and Enhanced EU Engagement with the Western Balkans", Strasbourg, 6.2.2018, COM (2018) 65 final, European Commission.

展中国家和新兴市场造成伤害。① 中国贷款给欧洲国家从事基建,接受贷款的国家不得不提供主权担保,导致该国债务水平上升,会触发欧盟债务水平不能超过60%的警戒线。而且在其看来,由于中国根据其长期战略价值选择贷款的项目,因此有时这些项目可能产生的短期回报不足以偿还其债务,这给中国增加了谈判的砝码并可以用它们来迫使借款政府将债务换成股本,从而扩大中国在该国的影响力,使越来越多的国家陷入"债务陷阱"。

## 三 欧洲一体化前景的不确定性是"一带一路"倡议面临的第三大风险

欧盟长期以来一直是中国的第一大贸易伙伴,第一大外资来源地,第一大技术引进来源地。欧盟的发展和强大对中国是有利的,也有利于世界多极化和国际关系民主化。发展同欧盟的紧密合作关系,不仅有利于发展中国外向型经济,而且对于创造和平稳定的发展环境、对于推动"一带一路"倡议是很有帮助的。但自2008年金融危机和欧洲主权债务危机发生以

---

① John Hurley, Scott Morris, Gailyn Portelance, "Examining the Debt Implications of the Belt and Road Initiative from a Policy Perspective", CGD Policy Paper 121 March 2018, https://www.cgdev.org/publication/examining-debt-implications-belt-and-road-initiative-policy-perspective.

来，欧盟的未来发展陷入持续性的风险当中，不确定性日益增强。

### 1. 欧洲一体化面临诸多问题困扰

首先，法德引擎作用减弱，一体化动力不足。

欧洲一体化之初立足于解决安全问题和战争问题，同时也为了寻求欧洲大陆国家的共同经济利益，因此法德的能源合作成为一体化的重要引擎，两国对安全的追求更令双核合作增色。建设欧洲能源共同体以及随后的欧洲统一大市场成为欧洲发展的基本路线图。在欧洲统一大市场的基础上，法德又引领欧洲积极推进人力、资本、货物和商品自由流动，而申根制度和欧元相继出台，为欧洲一体化发展持续增添动力。步入2018年，无论从提供安全保障还是从建设更有凝聚力的欧洲，法德两国引擎动力不足，导致欧洲一体化前行动力不足。

法国的经济影响力在当前还无法与德国相提并论，安全上因英国"退欧"也难以独立支撑欧盟军事大厦的建设。德国经济实力逐步增强，在欧盟"一枝独秀"，但在推动欧洲一体化上因内部政治波动，心有余而力不足。

其次，精英作用式微，民粹泛滥，形成一体化共识难度加大。

过去五六十年，欧洲一体化基本是精英主导和推动的。精英在设计和推进欧洲一体化上具有较高权威性，民众比较信任精英。然而，时过境迁，现在欧洲弥漫着民众对精英的不信任，如前所述，当下欧洲民粹主义和疑欧主义泛滥。精英政治家做重要决定都要诉诸公投，导致公投普遍化，公投导致的不确定增大，比如英国"退欧"公投等"黑天鹅"事件出现。上述事实不仅冲击着欧盟的稳定和团结，也让欧洲一体化发展逐渐失去一个锐意进取的精英领导层。

再次，欧盟内部危机叠加，"危机推动一体化"理论失色。

"危机"在推进欧洲一体化发展中一直起着重要的作用，"危机推动一体化"理论一直在欧洲舆论中很有市场。欧洲一体化实际上都是通过克服多个危机才发展起来的，欧洲精英也习惯于把危机拆解成"危险与机遇"。然而，时过境迁，今时不同往日，欧洲面临的多重危机，经济危机、乌克兰危机、难民危机、恐怖主义、英国"退欧"等纷至沓来，互相叠加，令欧盟难以应付。时下，欧盟不但拿不出一整套解决系列危机的方案，更无法依靠自身来解决这些危机，需要外部力量支持才能走出困局。如在乌克兰危机上，需仰赖美国和俄罗斯的介入解决，难民危机上则需国际社会推进解决非洲的贫困和中东的动荡问题。

最后，欧盟不断扩大导致内部利益诉求多元化，难以平衡。

自2004年经历"爆炸式"扩大后，欧盟成员国越来越多，逐渐形成了新欧洲和老欧洲的分野。老欧洲和新欧洲的发展阶段不同，诉求多样，让决策更加困难。德国积极推进欧盟解决难民危机，坚持向各成员国摊派难民份额，维谢格拉德集团国家（波兰、匈牙利、捷克、斯洛伐克）就公开抵制欧盟提出的移民摊派方案。面对欧洲一体化发展的困境，欧盟机构提出了"多速欧洲"的发展方案，遭到包括罗马尼亚在内的中东欧国家强烈反对。成员国的增多也为外部势力分化操控欧盟提供了机会。美国就多次利用欧盟内部成员国的多样利益诉求，展开分化攻势，培植自己在欧盟内部的"特洛伊木马"。这些都令欧盟决策阻力重重，举步维艰。欧洲曾一度力推的由政府间主义向超国家主义方向发展，但成员国的政府间主义情绪明显抬头，成员国更看重自身的利益而不是欧盟，欧盟联合以自强的氛围减弱。

## 2. 欧洲一体化发展前景难以预料，风险多发

未来十年甚至更长一段时间，"多速欧洲"可能是一体化的发展方向，欧盟可能会朝着一个更有凝聚力的方向发展，进而出现所谓的"核心欧洲"和"边缘

欧洲"。发展"多速欧洲"必然会在欧盟内部产生矛盾，加上欧盟自身面临的多重危机叠加，欧洲一体化的发展前景仍存在下列可能性：

（1）欧盟解体

过去60年，坚持欧洲一体化和布鲁塞尔主义是一种"政治正确"，欧盟解体是政治生活中的禁用词。但从美国大选到英国"退欧"，"政治正确"不断被打破。时下，欧盟解体或欧洲一体化倒退已经是一个不得不正视并需要研究的问题。近年德国军方起草的一个内部报告称：欧盟和西方在未来20年中解体是一个严肃而又需认真思考的命题。如果欧盟真的解体并由此产生的系列动荡和制度倒退，将是"一带一路"倡议面临的非常大的风险。

（2）多种模式并存

欧洲从来都是各种思想和体制发展的试验田，未来伴随着欧洲一体化发展的不明朗，可能会出现多种发展模式并存的局面，也即欧盟可能保持"体面"的存在，但成员国、候选国或其他欧洲国家会坚持不同发展模式。

"正式成员国模式"——共享单一市场、欧元和申根制度；"挪威模式"——不加入欧盟，不与欧盟采取共同关税政策但与欧盟共享单一市场；"瑞士模式"——将部分领域保留在欧盟权限之外，如银行业和农业，其他领域与欧盟深度融入；"土耳其模式"——不加入欧盟，与欧盟实行关税同盟政策；"乌克兰模式"——不加入欧盟但与欧盟签署联系国协定，建立一种优先型伙伴关系。

无论采取何种模式，欧洲一体化的前景都将蒙上一层很深的阴影，从而影响到中国与欧洲的合作，也将进一步影响到"一带一路"倡议在欧洲的实施。

## 四 欧洲的地缘政治变动是"一带一路"倡议面临的第四大风险

当前大国纷争和地缘政治危机则是"一带一路"倡议面临的风险点。日益紧张的欧俄关系、中美贸易争端等都对"一带一路"建设造成了越来越大的风险，影响到欧洲尤其是中东欧国家与中国合作的考量，也影响到中欧合作和"一带一路"建设。

首先是欧俄关系。自北约和欧盟东扩后，欧亚大陆的地缘紧张态势一直持续，乌克兰危机和克里米亚危机发生后，欧俄矛盾进一步攀升。不少中东欧国家素有"去俄"传统，近一两年来，包括波兰、波罗的海等国家加快"去俄化"进程，周边邻居乌克兰也大力推进"去俄化"进程，中东欧国家和俄罗斯地缘安全上的紧张态势一直持续，波罗的海国家也纷纷依靠北约军事力量部署军事基地和导弹防卫基地，与俄罗斯地缘政治关系空前紧张。紧张的欧俄关系以及由此带来的相互制裁，严重影响到该区域营商环境，"一带一路"倡议面临的上述地缘风险如何解决，就是个问题。

其次是中美贸易争端问题。其对"一带一路"倡议的潜在影响也是存在的，因为如果这种争端上升到金融、数字安全等领域，则欧洲国家不得不考虑来自欧盟和北约的相关指令。如果中美之间的争端仅限经贸层面且呈现逐渐降温的态势，则对"一带一路"倡议影响并不直接。

在地缘政治紧张的态势下，欧美关系走向及其对中国的态度变得愈发重要。有欧洲学者就认为，欧洲面临的复杂地缘图景会为中欧"一带一路"合作既带来挑战，也带来机会，任何地缘影响都不是绝对的，尤其是欧美合作对中国施压就是如此。美国的贸易保护行为以及发起贸易战对欧洲造成了一定压力，欧洲未必全盘跟进美国，因为欧洲也是贸易战受损方之一，欧盟会寻找包括中国在内新的合作伙伴。即使是在对待俄罗斯的态度上，欧盟内部也并非铁板一块。另外，美欧在WTO机制改革意见上有所差异。斯洛伐克布拉迪斯拉发经济大学教授布茨科娃就表示，美欧双方均认为目前WTO内的协商机制效率不高，一些提案常被否决，多边主义协商机制陷入危机，为此WTO机制规则改革箭在弦上。目前欧盟讨论的意见认为：①WTO机制需要突出市场经济的规则，减少政府补贴的同时，也要明确哪些领域可以享受何种形式的政府资金支持或者国有企业介入；②限制强制性技术转让，并制定技术转让的相关法规；③制定数字贸易的新政策与法律规则。在类似国际贸易体系改革上，美欧在向中国施压上貌似有很多共同之处，发出了很多共同的声音，但同样也存在矛盾，为中欧合作留下了空间。中欧双方在WTO机制改革问题上可进一步展开探讨与合作。①

## 五 舆论环境持续不佳是"一带一路"倡议面临的第五大风险

随着"一带一路"倡议和"16+1合作"在中东欧地区尤其是巴尔干地区的逐渐铺开，国际舆论开始发出越来越多的负面声音，比如"分而治之"欧盟，投资黑山高速公路形成了"债务陷阱"，以及中国发挥"锐实力"对欧洲的价值观和发展道路造成挑战等。

---

① 据笔者2018年10月30日在马其顿高级别智库研讨会上Katarina Brockova发言笔录。

如果上述论调有西方操纵的痕迹的话，那么"一带一路"倡议和"16+1合作"的民众舆论基础相对较弱，也对该框架下的民心相通造成一定程度的挑战。如波黑大特尔诺沃大学彭特科夫斯基教授所领导的团队对该校大学生对"16+1合作"和"一带一路"倡议看法的调查表明，学生对这两项倡议的认知度较低：近70%的学生表示从来没有听说过"16+1合作"和"一带一路"等概念，而在询问两个倡议的具体含义时，更是高达90%的学生表示不知道。① 塞尔维亚学者梅蒂奇对西方媒体的长期跟踪统计表明，信息缺乏和不对称是造成舆论可以杜撰信息、歪曲和曲解中国合作倡议的重要根源。② 总的来看，"16+1合作"虽然是中国和中东欧17国共同的工程，但其特色和形象却是由西方大国舆论所塑造。中国学者的研究表明，较为依赖农业和旅游业的黑山的中国直接投资数据与经验证明，中国投资与地方债务并无太多关联，反而能够促进当地经济与就业增长，而西方媒体却大肆宣传认为中国为黑山制造了"债务陷阱"。③

而在此前，智库机构和舆论也积极配合和鼓噪中国的集权体制正通过经济力量（投资欧洲）来扩大在

---

① 据笔者2018年10月30日在马其顿高级别智库研讨会上笔录。
② 据笔者2018年10月31日在马其顿高级别智库研讨会上笔录。
③ 据笔者2018年10月31日在马其顿高级别智库研讨会上笔录。

欧洲的政治影响力，输出中国模式。2017年美国民主基金会支持包括东欧在内的学者，炮制中国"锐实力"概念①，批判集权体制动用经济力量在欧洲扩散发展模式，按照他们的界定，所谓"锐实力"是"威权势力"采用"收买、审查、操纵、胁迫"等"非常规手段"对目标国家或群体施加影响，它不同于"软实力"，后者主要使用公共外交、媒体传播、文化交流等方式赢得对象国的"民心公意"。随后又有英美等国媒体炒作中国"锐实力"，其中以美国和英国媒体最为积极。②欧洲几家智库又联手炮制了《集权的推进：对中国在欧洲日益增长的政治影响的回应》，全面剖析中国"集权体制"特点及在欧洲的做法。这一波意识形态的宣传又将中欧关系置于风口浪尖，中欧之间的经贸由产品竞争力之争正在上升为发展模式之争，中国的投资在欧洲面临较差的舆论环境。

"一带一路"倡议和"16+1合作"的积极推进需要有坚实的民意基础，好的民意基础通常会产生事半

---

① National Endowment for Democracy, "Sharp Power: Rising Authoritarian Influence", December 2017, https://www.ned.org/sharp-power-rising-authoritarian-influence-forum-report/.

② Christopher Walker and Jessica Ludwig, "The Meaning of Sharp Power: How Authoritarian States Project Influence", *Foreign Affairs*, December 2017; David Parkins, "What to do about China's 'Sharp Power'", *Economist*, December 2017, https://www.economist.com/news/leaders/21732524-china-manipulating-decision-makers-western-democracies-best-defence.

功倍的效果，如果该合作框架面临的舆论生态持续恶化，则对其未来发展是非常不利的。

## 六 对中国模式认知错误是第六大风险

欧洲也有不少国家并不认同某些西方精英所鼓噪的中国在向欧洲输出自身的发展模式，但这些国家精英会有意无意地想到中国模式在欧洲落地的适用性问题。通常也会考虑"16+1合作"甚至是"一带一路"倡议是中国模式的一部分，或者是中国模式发挥影响的一种工具或政策。

波黑学者安东·多玛泽特就认为，"一带一路"倡议与"16+1合作"是中国积极提供全球公共产品的一种尝试，那么问题就是：中国如何利用此机会更好地提供全球公共产品，能否在平等的基础上为小国也提供公共产品？因为公共产品的属性一般意义上是要认同，然后是平等，但很多时候它被认为是中国的单方面意愿。而目前，中国在"走出去"过程中，对如何提供公共产品还缺乏一些经验，如何把"中国的"变成"世界的"，在话语体系塑造和具体方式方法上仍有不足的地方。

此外，巴尔干国家在处理稳定和发展问题上，与中国通常有不同的看法。过去30年，中国更看重发展，认为发展是硬道理，可以通过发展来解决业已存在的问题。而巴尔干国家植根于不同的历史土壤中，考虑到自身的制度属性和历史遗产，现阶段更倾向于稳定。他表示，在稳定和发展关系上，巴尔干国家还无法复制中国的经验，就是用发展促稳定。

放大这个问题来说，欧洲国家也在误信和传播所谓中国模式存在的问题和"修昔底德陷阱"，更有甚者认为中国的模式正强行施加中国的偏好和影响。这些不正确、不客观的认识将加大中国项目落地的风险。

# 第四章 "一带一路"倡议在欧洲的投资案例风险评估

本章提供六个中国投资欧洲"一带一路"项目的深度调研报告,并提出这些项目的成功之处以及已经面临或未来可能面临的风险,从而为中国企业"走出去"提供一定的借鉴。选取的项目主要是那些影响力强、具有典型性和示范性并且能够为中国企业"走出去"提供良好参考的案例。

## 一 比雷埃夫斯港项目

比雷埃夫斯港(以下简称比港)是希腊的第一大港,也是地中海地区最大的港口之一,这得益于比港优越的港口条件和地理位置。从自然水文条件来看,比港是天然的避风良港。从地理位置看,比港南临地中海,是连接南欧、西欧、中东欧地区、中东及非洲的良好中转港;北接巴尔干半岛,能够连接通往中东欧地区的铁路，是南欧和中东欧的门户，可以作为中国、塞尔维亚、匈牙利、马其顿等国共同打造的"中欧陆海快线"的南起点，使得远东地区与中东欧的往来交流更加便捷。可以说比港有着得天独厚的地理位置，是中东欧和地中海地区最重要的交通枢纽之一。

比雷埃夫斯港一直是希腊最繁忙的港口。比港作为上市公司，主要开展六大业务，包括集装箱码头业务、物流仓储业务、修造船业务、邮轮码头业务、汽车码头业务、渡轮码头业务。2008年，比港的年集装箱吞吐量超过100万箱，在欧洲名列前茅。在中远接手比港后，比港的年吞吐量增长迅速，成为世界上发展最快的港口之一。

### 1. 比港收购过程

虽然中远集团直到2016年才正式完成对比港的收购，但是中远对比港的耕耘早已持续多年。早在2008年，中远太平洋公司就投资8.31亿欧元取得了比雷埃夫斯港2号和3号集装箱码头35年的特许经营权，并成立了比雷埃夫斯集装箱码头公司（简称PCT）。2010年，中远海运全面接管PCT，开始深耕比港，并取得了良好的效益。

2015年，希腊左翼政府上台后，暂停了比港的私有化进程，使得中远集团收购比港的计划一波三折。

经过多番沟通、协商和调整，中远海运最终和希腊政府达成了比港股权的转让协议和股东协议。根据协议，中远海运以3.685亿欧元收购比港港务局（简称PPA）67%的股份：中远首先支付2.805亿欧元获得PPA 51%的股份，在完成3.5亿欧元的强制性投资五年后再以8800万欧元收购剩余的16%股权，从而以3.685亿欧元的总价格收购PPA 67%的股权。由此，中远收购比港项目终于尘埃落定。

### 2. 比港经营情况

中远接手比港之初，就遇到了很多问题，首先便是港口劳工的安置问题。比港原本属于希腊国有企业，因此比港劳工也属于国家公务员，而中远接手比港以后，这些劳工需要重新与中远签订劳动合同。由于对中远的收购协议不满，工人们发起了多次游行和罢工活动，给比港的运营带来了很大麻烦。与中国不同的是，希腊有着强大的工会组织和完善的工会制度，工会代表工人与中远集团进行员工合同和薪资谈判，也增大了中远妥善处置劳工安置问题的难度。

当时希腊深陷债务危机，总体经济形势恶化，海运业发展低迷，给比港的经营带来了很大挑战。而且比港码头设备老旧、年久失修，货物装卸效率极低，种种困难交叠，导致比港集装箱吞吐量骤降，产生了巨大的亏损。当中远集团对比港的经营逐渐走上正轨后，希腊政府换届又导致政府对外资的政策发生变动，使比港收购项目前途不明，给比港的未来造成了很大的不确定性。

中远接手比港以来，积极改善港口基础设施条件、建立现代化管理体系、提高生产作业效率，产生了良好的效果，比港的经营效益近年来持续增长。中远接管比港码头初期码头的集装箱吞吐量仅为68万TEU（标准箱），2017年比港码头集装箱吞吐量达到了415万TEU，增幅达欧洲第二，集装箱吞吐量全球排名从第93位跃升至第36位。2009—2010年比港码头处于亏损状态，PCT开始经营后使比港码头扭亏为盈，且PCT和PPA两家单位的利润总额从初期的312万欧元迅速增长到2017年度的5180万欧元。

中远海运不仅自身取得了良好的效益，也为希腊的社会经济发展作出了良好的贡献。从2010年到2016年，中远海运比港项目为当地直接创造工作岗位2600个，间接创造工作岗位8000多个，直接经济贡献达到6亿欧元。考虑到中远今后对比港的进一步投资，到2025年比港项目有望给希腊创造3.1万个就业单位，拉动希腊GDP增长约0.8个百分点。中远还积极承担企业的社会责任，2018年7月雅典东部发生特大山林火灾，PPA和PCT共捐款3万欧元，比港员工也自发筹集善款，并参加义务献血，获得了希腊社会的尊重。

此外，中远海运集团还依托比港打造了由远东经海运至比港，再由比港经铁路运至欧洲内陆的海铁联运路线——中欧陆海快线，目前班列开行频次已达到平均每周17班左右，客户数量增加到735家，2017年累计完成货量约4万TEU，提供的多元化铁路服务产品覆盖希腊、马其顿、塞尔维亚、匈牙利、保加利亚、罗马尼亚、奥地利、斯洛伐克、捷克等国，服务人口达到3200多万人。

在今后五年内，中远海运集团计划完成特许权协议规定的对比港的强制性3.5亿欧元投资，并再增加5亿欧元投资用于修缮、扩建比港码头，维修基础设施，采购最新设备，努力将比港打造成为地中海地区最大的集装箱中转港、海陆联运桥头堡、巴尔干地区的南大门。

### 3. 比港投资风险

中国企业在海外投资往往会遇到诸多困难，作为"一带一路"的欧洲龙头，中远比港项目在备受关注的同时，也存在各个方面的风险。中远海运集团对此积极开展了风险防范制度建设和实际工作，有效管控了一些风险，但是有几个因素仍然是比港在长期发展中不可忽视的隐患。

（1）劳工风险。希腊罢工频繁，自2010年以来比港员工就曾罢工数次，严重影响港口码头的正常运营。目前PCT采取了外包劳务商的方式，设立了"用工防火墙"，保证了码头日常作业的稳定。此外，希腊工会势力强大，比港码头就有三个工会，中远管理层与三大工会友好协商，签订了新的《员工总则》，受到了希腊经济发展部副部长皮齐奥拉斯的高度称赞。同时中远也与三大工会分别协商签订了《集体劳动合同》，与管理人员、新员工签订个人劳动合同，努力保障公司的劳工稳定。但是资方与劳工的矛盾会始终存在，2018年8月中远集团与工会和劳工仍然在就劳工合同和工人待遇进行谈判，甚至产生了个别冲突。可见将来劳资双方的矛盾将会始终伴随比港的发展，中远集团仍需继续与工会和工人协商，力争建立良好的劳工制度，保障港口的发展和劳工的权益。

（2）法律风险。中国企业在海外经营，必须学习并遵守当地的法律法规，合理合法生产经营，既不能触犯当地法律，也要坚决利用法律维护自身的利益。在中远接管比港港务局之前，PPA内部法务混乱，法务支出高昂，还遗留下不少法务问题。中远接管后，首先对原有的法务部进行了机构改革，并外聘当地著名律师事务所协助处理历史遗留案件；其次对公司法务系统进行信息化管理，提高工作效率；此外，管理层也修改了以往关于公司承担高管和劳工一切诉讼费用的不合理规定，改变了公司内的乱起诉现象，节省了不合理的律师费用支出。总体来说，中远比港项目在法律风险防范工作上取得了较好的成果。需要注意的是，希腊作为欧盟国家，其投资活动和企业管理均在欧盟的法律框架下，中远海运集团要注意恪守欧盟和希腊本地的法律法规，防范潜在的法务风险。

（3）经济风险。当前国际经济复苏并不稳定，希腊经济虽然逐渐走出低谷，但复苏之路仍然漫长。美国特朗普政府挑起中美贸易摩擦，实行贸易保护主义，更是使得全球经济和国际贸易的发展不容乐观。比港作为国际贸易枢纽港，经济效益自然受到全球经济形势和希腊经济形势的影响。因此中远集团在比港的经营投资需要考虑到希腊和全球经济发展的大局，充分论证，合理规划，谨慎投资，避免冒进，维护公司的利益。另一方面，中远比港应该积极发挥自身的积极溢出效应，带动比港周边地区的经济发展，主动营造良好的经济环境。此外，针对投资风险，比港可以学会运用海外投资保险，通过完善投资保险的覆盖面和覆盖力度，保障公司的安全投资和经济利益。

（4）政策风险。投资东道国的政治变更往往会导致针对外国投资的政策变动，给企业的投资带来很大的影响。2008年，中远与比港港务局签署了特许经营权协议，不久后希腊政府换届，新政府对比港私有化的态度大幅转变，提出要修改中远收购比港的协议，让中远集团措手不及。最终经过双方协商，协议得以保留。而2015年希腊政府的又一次换届使得左翼政府上台，新总理很快就宣布暂停比港的私有化进程，在多方努力之下，中远集团还是于2016年完成了对比港的收购。可以说中远集团收购比港项目一波三折，虽然得以圆满解决，但是未来仍然可能出现类似的风险。要尽量减少政党轮替对企业经营的影响，中远集团应该注意与执政党和在野党都保持良好接触，真诚交流，遵守当地法律法规，与当地民众友好相处，建立良好的社会形象，同时针对可能出现的各种情况提前做好预案，这样才能在希腊站稳脚跟。

（5）国际风险。不可否认的是，随着近年来中国实力的增长和对外投资的扩大，国际社会对中国企业海外投资的关注度日益提高，部分欧美国家对中国投资十分警惕。不少西方媒体宣称中国对希腊的投资是"金钱外交""新殖民主义"，是为了扩大在希腊的影响力。欧盟国家领导人也担心希腊会在中国的投资影响之下转变相关议题的立场，从而破坏欧盟的团结。作为中国企业投资欧洲港口的标志性项目，中远在比港的经营受到西方媒体的高度关注，任何负面消息都有可能被放大，从而影响到国家形象。在巨大的压力之下，中远更加需要合理合法合规经营，建立良好的企业形象和社会形象，尊重希腊当地政府、机构和民众，促进当地经济的恢复发展，为中希两国进一步的贸易投资合作发挥良好的示范作用。

### 4. 总结

中远收购比雷埃夫斯港项目，对于其他中资企业在海外投资有着重要的标杆作用，使其他企业投资希腊的信心大增。同时，比港项目也为中国企业投资希腊铺设了一条道路，便利了中资企业对希腊的投资。跟随中远的脚步，中兴公司与中远签署协议，在比港成立物流中心；华为公司启用比港码头火车专列运输，把华为的货物送往中东欧地区。此外，中国国家电网也收购了希腊国家电网的部分股权，阿里巴巴、万达集团等纷纷访问希腊，中国工商银行也有望进入希腊市场。中远收购比港更是直接便利了中资企业投资希腊旅游业，例如中青旅公司在希腊设立分公司开展旅游地产服务，也有几家公司正在研究以比港为母港开展邮轮旅游业务。

对于这些正在投资或计划投资希腊的企业来说，比港投资希腊的经验和教训十分值得学习。虽然目前大部分海外投资企业有了初步的风险防控意识和组织制度，但实际管控风险能力仍有待提高。要实现海外投资的稳定发展和良好效益，中资企业需要强化风险意识，对风险防控予以足够的重视和投入，建立健全完善的风险防控体系，从源头防范和控制各领域的风险，这样中国企业才能更好地"走出去"。

## 二　黑山南北高速公路项目

黑山南北高速公路全称为"巴尔（Bar）至博利亚雷（Boljare）"高速公路，全长约180公里，预计分5段建设。全部建成后，南北高速公路将与塞尔维亚的欧洲11号走廊公路相连，贯穿黑山南北全境，直至南部巴尔港。2015年5月，由中国交通建设股份有限公司、中国路桥工程有限责任公司承建的南北高速公路优先段——斯莫科瓦茨（Smokovac）至马特舍沃（Mateševo）段正式开工。该路段全长41公里，合同额8.09亿欧元，建设工期4年，桥隧比达60%，是5个路段中施工及技术难度最大的一段。

### 1. 修建高速公路的原因及其重要性

（1）公路基础设施底子薄且路网单一。黑山全境主要公路基本为前南斯拉夫时期修建，覆盖地区有限，维护状况一般，翻新进度缓慢。当前道路大多狭窄且以山路、险路为主，少有护栏，部分地区常有岩石滑落,雨季、冬季道路湿滑、结冰,交通安全隐患较大。旅游业是黑山经济发展支柱产业,欧洲各地车辆在旅游旺季期间集中涌入,而受路网单一及道路质量限制,以南部沿海地区为主的旅游目的地常有严重拥堵,为当地民众生活、游客便利及行车安全等带来较大困扰。

(2)南北分化趋势堪忧。黑山旅游资源主要集中在南部沿海地区,历史上沿海地区发达程度就高于内陆及北部地区,全境基础设施、文化教育、科技创新重心向首都波德戈里察及南部地区倾斜明显。而以农业、畜牧业为主的北部因其地理等自然因素限制,长期以来经济发展缓慢,就业岗位不足,大批人口南迁至首都及沿海地区;且因北部靠近塞尔维亚,文化、宗教、习俗等与塞尔维亚相似度高,北上谋生者不在少数,在政治上也不乏受塞尔维亚影响。北部地区空心化已成为黑山国家发展不可忽视的问题。2006年,黑山以55.5%的微弱优势在独立公投中决定从塞尔维亚和黑山联盟中脱离,但迄今在黑山仍有相当一部分群体对昔日塞黑联盟抱有幻想,在北部尤其为甚。自黑山新一届政府于2016年上台以来,提振北部经济发展动力、减轻南北分化愈发成为其工作重心,北部状况事关其执政根基和国家稳定。特别是新总理杜什科·马尔科维奇(Duško Marković)的故乡为北部重镇莫伊科瓦茨(Mojkovac),其个人影响对北部发展具有重要意义。北部路网普遍单一陈旧。为加快人员及货物流通、实现经济发展,突破交通桎梏是重要前提。高速公路贯通后,将对南北互联互通、北部人员及货物往来起到极大刺激作用。

(3) 提升巴尔港经济效益的实际需求。黑山南部的巴尔拥有天然深水良港,前南斯拉夫时期就曾作为重要军港,至今仍作为全国大型客、货轮及军舰主要停泊地,但其设施老旧、配套交通严重不足。意大利菲亚特(Fiat)集团在塞尔维亚南部城市克拉古耶瓦茨(Kragujevac)建有工厂,巴尔港是该厂汽车运至国外的重要途径。而自克拉古耶瓦茨至巴尔400多公里的路程,经铁路至少需七八个小时,严重影响运输进度。巴尔港私有化进程一波三折,长期没有实质结果。以上种种原因使巴尔港处境尴尬,难以发挥最大效用。而南北高速公路全线贯通后,巴尔港将能够真正融入欧洲交通运输网络,届时潜力、竞争力将得到极大激发。沿线人民生活、生产需求、行车条件也将得到很大改善,有利于地区互联互通及国内、周边国家整体经济发展。

(4) 实现欧洲一体化的必备前提。黑山本届政府积极致力于欧洲和大西洋一体化进程。黑山已于2017年加入北约,正全力以赴加入欧盟,且入盟谈判等各方面进度走在各欧盟候选成员国前列。在入盟谈判33

个章节中，黑山仅剩第8章"竞争力"和第27章"生态环境和气候变化"尚未开启，且黑山官方称，已为开启剩余章节做好全部准备。在政策制定上，黑山也紧随欧盟步调：国内法律逐步向欧盟标准看齐，各类国际决策与欧洲保持一致，并且于2018年9月首次应欧盟国家请求接收少量难民，亲欧政策可见一斑。作为欧洲极少数的没有高速公路的国家，黑山长期以来和周边国家仅能通过有限的普通公路相连。这一方面难以企及现代人员、货物往来需求，另一方面对于黑山这个争当入盟的"好学生"而言，没有高速公路近同于和欧洲大家庭"割裂"。按计划，南北高速公路全线贯通后，其北端的博利亚雷地区将和位于塞尔维亚的欧洲11号走廊公路相连，黑山也将从公路上进一步融入欧洲大家庭。

### 2. 高速公路建设现状及外界评论

根据工程合同，高速公路优先段建设应于2015年5月11日开工。但由于技术审查、项目报批、行政监理等多方面因素，约一年后项目建设才全面展开。项目当前进展有序，约有中外两千余名工程人员参与建设。全线16个隧道中，已有14个贯通，另有20多座桥梁在建，其中难度最大的莫拉契察大桥（Moračica）已经封顶，现正就大桥主梁合龙紧密施工。

黑山政府高度重视高速公路建设，高层政要对高速公路亲自给予支持。黑山总统米洛·久卡诺维奇（Milo Đukanović）曾多次表示，高速公路将为提振黑山北部经济发展、促进南北融合注入强劲动力。总理杜什科·马尔科维奇曾数次视察工地，勉励工程人员并对项目提出期望。现议长伊万·布拉约维奇（Ivan Brajović）曾任交通和海事部部长，推动了高速公路优先段合同签署，其亦通过多种场合表示对高速公路的关切。现交通和海事部部长奥斯曼·努尔科维奇（Osman Nurković）多次对施工表示满意，交通和海事部与承建项目的中国路桥公司建立有定期沟通机制。前外交部部长、现任总统首席政治顾问米兰·罗钦（Milan Roćen）曾在接受采访时表示，高速公路将对黑山经济、社会发展产生长期有利影响。黑山执政党社会主义者民主党（Demokratske Partije Socijalista）及其友党也常为高速公路项目正面发声。

黑山民间对高速公路期待已久，欢迎公路建设。作为为数不多走进欧洲实施大型基建项目的中国公司，中国路桥公司较注重企业形象建设及社会责任承担。自从在黑山开启业务以来，中国路桥公司已陆续捐赠、修建多个便民设施。据黑山政府消息，2018年5月，中国路桥公司与黑山规模最大、水平最高的公立医疗机构——国家医疗中心（Klinički Centar Crne Gore）签署合作协定，将向其提供价值约50万欧元的重症监护室医疗设备等。项目日常需求为当地食品、日用品、零售等行业以及工程沿线农户、商户带来很大正面效益。黑山下戈里察大学校长韦塞林·武科蒂奇（Veselin Vukotić）曾评论高速公路，称其将打破黑山封闭的思维模式，加快黑山对外开放步伐。黑山公路建设思维及做法总体沿袭前南斯拉夫惯例，对一些新技术、新事物的理解仍需较长过程，高速公路的建设代表着较高的中国业界技术水平，同时也在项目标准上参照欧盟统一标准，黑山业界也从中获益匪浅。此外，高速公路建设还对中黑人员往来、文化交流起到很大作用，项目建设在很大程度上带动了当地人汉语学习热情。

黑山南北高速公路的对接国——塞尔维亚对该项目持肯定态度。塞尔维亚副总理兼建设、交通和基础设施部部长佐拉娜·米哈伊洛维奇（Zorana Mihajlović）于2018年7月访黑并会晤黑交通和海事部部长奥斯曼·努尔科维奇，表示塞尔维亚将继续修建塞境内的欧洲11号走廊公路，直至和黑山边境对接，塞方也将成立联合委员会以决定公路最终对接地点。塞方亦拟于2021年前修复塞尔维亚首都贝尔格莱德（Belgrade）至黑山巴尔铁路塞境内路段。米哈伊洛维奇表示，基础设施的连通是使民众过上更好生活的必由之路，鉴于此，无论是高速公路还是地区内连接各国的其他基础设施，都具有重要意义。塞尔维亚将在今后和黑山在此方面开展更多合作。笔者认为，自塞黑联盟分裂后，塞尔维亚失去出海口，其整体经济发展受到较大影响。近几年来塞尔维亚工业发展迅速，本土制造产品在欧洲初崭头角，塞尔维亚迫切需要更便利、更具连通性的基础设施以为其经济发展服务。此外，塞尔维亚和黑山之间人员往来密切，塞尔维亚游客仍占据黑山外来游客数量前三位。打通塞、黑之间的交通阻碍，对塞而言有重要意义。

### 3. 高速公路建设风险评估

（1）债务问题。高速公路优先段建设合同额为8.09亿欧元，中国进出口银行为其贷款6.87亿欧元，约占合同额的85%。这是迄今为止利用中国—中东欧国家合作专项优惠买方信贷中数额最大的一笔，利率为2%，偿还期为20年，宽限期为6年。根据黑山财政部数据，截至2018年6月30日，黑山公债已达GDP的70.1%，较高的公债率也引起黑山各反对党及亲反对党民间组织、部分欧盟官员及西方媒体关注。黑山主要反对党联盟民主阵线（Demokratski Front）领导人奈博伊沙·梅多耶维奇（Nebojša Medojević）在接受采访时曾表示，高速公路带来的巨额债务会令黑山难以负担，如同颈上巨石。民主黑山（Demokrate Crne Gore）和联合改革运动（URA）等反对党亦就高速公路所带来的债务等问题抨击政府。亲反对党的媒体《消息报》（Vijesti）于2018年10月公开发文指责黑山政府对有关高速公路的重要文件不予公开，是滋生腐败、不透明的行为。欧盟及西方媒体对高速公路所带来的债务以及中国对西巴尔干地区愈来愈多的参与时有渲染。路透社（Reuters）曾于2018年7月发文援引一位不具名的欧盟官员称，黑山目前最大的问题是其财政空间已经急剧缩水，正扼住自己的咽喉。就现在而言，这条高速公路"没有出路"。该报道还指责黑山政府为了使自身债务恢复相对正常水平，采取了提高税收、冻结或减少部分公共部门的工资、取消部分国民补贴等手段，引起民怨。美国中央情报局（CIA）于2018年10月发布黑山国别报告称，若黑山不进行财政整顿，由于高速公路所造成的高额借贷可使黑山公债率达到80%。

综合分析批评高速公路项目的评论来看，上述来自黑山国内反对党的绝大部分负面评价的矛头主要指向黑山政府，并未抨击项目重要性及中国企业的参与。这一类批评主要目的是反对党对执政党及政府进行施压，并以此争取部分选民支持。而西方的负面评论通常从债务或中国影响力角度入手，渲染黑山"深陷债务危机",但几乎从未提及高速公路对黑山战略发展、对欧洲人员货物流通以及对西巴尔干地区欧洲一体化进程的正面意义,报道总体比较片面。

根据黑山国内预测,随着高速公路建设,预计2019年黑山公债率将达到高点,随后将缓慢下降。近年来,伴随黑山入盟谈判改革进程推进顺利、外国直接投资提升等因素,特别是高速公路这一黑山史上最大基建项目有序推进,黑山经济增长强劲。根据黑山统计局(Monstat)数据,2014—2017年GDP实际增长分别为1.8%、3.4%、2.9%、4.7%,2018第一季度4.5%,第二季度4.9%,拉动增长的主要行业即为基础设施建设、大型机械设备进口、旅游等。此外根据合同规定,项目至少30%的工程量必须交给本地分包商执行,项目借此已为当地创造了上千个就业岗位,且随着工程推进,项目对当地人才需求量不断增加。这对失业率基本稳定在20%的黑山而言,意义不容小觑。有西方媒体反复渲染高速公路在经济上不可行、收益抵不上修路的开支,或是指责黑山在财务整顿中影响经济整体运行,正是刻意忽视了高速公路为黑山经济带来的正面影响,以及高速公路在黑山国家发展中的战略意义。

也有一些评论认为,黑山此前就修建高速公路向欧盟寻求融资未果,从而转向中国。笔者认为此类观点较片面。2016年,新一届黑山政府将中国视为外交三大优先方向之一,黑山一直以来也是"一带一路"倡议和"16+1合作"的积极参与者,本就在各领域和中国保持有合作。中国公司通过高速公路项目的公开招标取得胜利,中国—中东欧国家合作专项优惠买方信贷又几乎在同时推出,可以说是恰逢其时。2018年10月,黑山总统米洛·久卡诺维奇在日内瓦举行的世界投资论坛上回答记者问,公开"质问"欧盟:是什么阻挡其脚步,不能像中国那样对黑山提供支持?久卡诺维奇称,对包括黑山在内的东南欧国家急需基础设施建设,而如此规模的基建项目由政府预算全部负担并不现实。中国提供的贷款已经相当优惠,相信西巴尔干地区内没有任何一个国家能够放弃如此机会。

想致富,先修路。对于黑山而言,修一条高速公路不仅是致富的意义。结合上文所提出的修建高速公路的重要性,这条高速公路是当之无愧的黑山国家战略项目,债务问题作为黑山实现国家战略及长远利益的阵痛,是必须经历的过程。

(2)环保问题。黑山议会于1991年通过了《黑山生态国家宣言》,正式确立黑山为世界生态国家地位。在其1.38万平方公里的国土上,有多达5个国家森林公园、5个联合国教科文组织世界文化、自然遗产。

由于平原稀少、高差大等因素，黑山自然环境也比较脆弱。黑山环保立法较为严格，且积极开展国际环保合作。在当前入盟谈判仅剩的两个未开启章节之一——"生态环境和气候变化"中，黑山预计将会投入超过10亿欧元以在环保方面达到欧盟标准，这对于黑山而言是一笔不小的数目。2018年9月，黑山举办了中国—中东欧国家环保合作部长级会议，在会上宣布成立了"16+1"环保合作机制。黑山民众环保意识更是深入人心，经常就各类破坏生态环境的行为或基建项目进行抗议。在这种全民环保的大环境下，开展大型基础设施建设无疑又增添了难度。

南北高速公路优先段项目涉及穿山、蹚水、架桥等诸多与生态环境息息相关工程。项目实施前须经一系列环境评估并从政府部门获得有关许可。但建设伊始，仍有一些反对党、非政府组织、环保组织及工程沿线居民等就项目所带来的环境负面影响不断提出抗议。2018年10月，黑山一些非政府组织表示，高速公路建设可能会为黑山境内重要河流——塔拉（Tara）河带来巨大生态危机，黑山可持续发展和旅游部、黑山交通和海事部等对此应负责任。

中黑两国在环保领域法律存在差异，中国公司在黑山经营必将经过摸索、适应过程。在黑山这样一个高度重视生态保护的国家开展业务，中国企业必须将施工中的环保意识及做法提升至与项目安全、质量比肩高度。同时，中国企业应在此问题上和黑山官方即业主保持顺畅沟通，探求共同解决问题的方式。中国企业亦可提高宣介意识，借助智库、专业学者、公关公司等力量为自己正名。

（3）工程延期问题。尽管工程合同规定开工日期为2015年5月，但因项目审批等各种因素，最终正式开工日期被耽搁至2016年5月。中国路桥公司已采用增派人手、延长工时等措施以追赶进度。自2018年以来，黑山一些媒体发文分析高速公路项目可能延期，工程最快将于2019年年底完工。延期的主要原因除开工日期推迟外，还包括双方商签合同时，未将该段高速公路的上、下桥等计入总工程中，导致现需额外增加工程量。据媒体报道，中黑双方现就额外增加工程量所需费用进行积极商议。黑山交通和海事部部长奥斯曼·努尔科维奇在2018年10月表示，高速公路建设不应和进度赛跑。

笔者认为，工程量的增加一方面可为因开工推迟导致的进度落后提供追赶的缓冲期，另一方面也为项目实施带来一定挑战：工程量增加所致成本增加，无论数额大小，都会为本就灵活度不高的黑山财政带来一定负担，且款项到位时间事关后续工程建设。此外，延期、增款预计会在一定程度上导致民意波动，要特别注意黑山反对党、亲反对党媒体及部分西方媒体是否会借此作势。

黑山政府对于高速公路后续段建设持积极态度,希望在优先段完成后尽早开启其余工程,但融资模式还有待商榷。黑山政府此前公开表示希通过公私合营模式开启剩余段建设,并于2018年3月和中国路桥公司就通过公私合营(PPP)模式续建高速公路剩余段签署备忘录。今年来,黑山政府已就是否将国内主要机场以特许经营权模式进行公开招标反复讨论,现正商谈后续方案。预计高速公路后续段存在通过PPP模式建设的可能性。

## 三 波黑斯塔纳里火电站项目

波黑斯塔纳里火电站某种程度上打破了西方部分精英和媒体对中国投资的批评和猜忌,有利于树立中国对外投资的正面形象,投资模式和经验也值得推广。

波黑斯塔纳里燃煤电站项目由上海东方电气股份有限公司总包,国家开发银行提供融资,中国出口信用保险公司承保。该项目已于2018年8月8日正式获得业主颁发的最终接收证书,标志着项目的质保期圆满结束。该项目的完成具有下列重要价值:

（1）体现中国速度和效率

项目于2012年12月21日正式开工，2016年1月4日并网，2016年8月8日初步移交，比合同工期提前了45天，各项性能指标均优于合同保证值。项目高质量和高标准地完成，赢得了较高的媒体赞誉度，体现了中国速度和中国效率。

（2）符合欧盟标准并为中欧合作做出示范

斯塔纳里火电站排放指标低于欧盟最新排放标准，为欧洲区域内目前最先进、最环保的火电站。从调研情况看，厂区非常干净，排放设施和环保设施规范整洁，既积极推动和支持欧盟清洁能源和环保计划，也有利于波黑经济发展与融入欧盟的进程，进而为推动中欧关系发展做出了示范。

（3）项目坚持市场化导向，没有"债务陷阱"

上海东方电气与项目业主签署了电站的五年运行维护协议，这也是第一个由中国企业在欧洲进行运行和维护的大型电站项目。该项目由国家开发银行投资，投资采取企业提供资产担保的方式，业主把电站资产、煤矿、电费收入以及母公司的资产都拿来作为抵押，避免了国家主权担保这种方式，因此国家完全没有债务风险。在投入商业运行的两年来，电站已累计发电超过40亿度，近一年的满负荷运行小时数超过7700个小时，成为区域内可利用率最高的电厂，为业主

(在英国注册公司的塞尔维亚人)带来了巨大的经济效益。它是公私合营的一个典范项目,中国金融机构融资支持,私人业主借钱建设,出售的电费还债,盈利模式完全以市场化为导向。同时,中国企业也不是做"交钥匙"工程,而是派遣常驻人员进行技术维护,有利于电厂长期和可持续发展。

(4)促进当地就业和经济发展,体现中国企业责任

斯塔纳里项目在建设和运营期间,共有1200余名波黑当地人直接参与了它的建设和运行,目前雇用当地200—300人,这大大促进了波黑当地的就业和经济发展,间接推动斯塔纳里小镇升级成为城市。许多波黑人也因斯塔纳里项目而改变了命运,不但找到了工作机会,而且获得了提高生活质量的工作技能,体现了中国企业积极履行社会责任,提升当地人生活福祉。

(5)推动中国产能"走出去"

斯塔纳里火电站主要成套设备均来自中国,设备占比达到90%以上,设备运营估计达30—40年。中国的设备通过走海运和中欧班列被运输到波黑。这是中国重要产能设备走出国门的一个尝试,树立了中国产能的良好和正面形象。

(6)提升"16+1合作"影响力

斯塔纳里项目是"16+1合作"框架下100亿美

元专项贷款的首个项目，也是"16+1合作"框架下最先启动、最先竣工投产的示范项目。它既是中国和波黑正式建交以来的第一个大型合作项目，也是中国企业在欧洲独立设计和施工的第一个火电总承包项目。该项目是中国制造、中国金融支持与当地资源的结合，是双赢合作的典型代表。该项目是"16+1合作"在巴尔干地区落地的首批成果，提升了"16+1合作"的影响力。

（7）提升了中国企业的海外形象

斯塔纳里项目的成功建设和运行，彻底扭转了波黑及周边国家对中国制造"价廉质低"的观点，获得了广泛的肯定与赞誉，更引来了国内外各界领导及同行的持续关注和高度赞许。至今已有包括德国、黑山、塞尔维亚、克罗地亚、巴基斯坦、乌克兰、格鲁吉亚、韩国等国政府代表团和客户前来参观考察，均对电站的设计建设、设备质量和运行情况做出了极高的评价，为中国制造、中国设备在巴尔干国家的市场开拓铺平了道路，也为进军欧洲高端市场打下了坚实的基础。

但项目建设中也面临一系列问题和挑战，这主要体现在：

（1）国内同行竞争压力大

据斯塔纳里火电站项目施工方介绍，中国火力发电企业纷纷"走出去"，开拓海外市场，由于产能过剩,加上海外项目有限,来自国内企业的竞争非常激烈,恶性竞争经常出现。中国的机电商会协调力度有待加强,企业间利益不好协调,恶性竞争导致企业在投标时竞相压低价格,或者无视项目面临的潜在风险,盲目入市。中国商会虽然可以指定哪些企业参加投标,但如何找好平衡点比较困难。

(2) 国外的竞争压力同样存在

如果说国内企业同行竞争压力大的话,来自国外企业的竞争也不容忽视。本地欧洲业主更倾向于选择政治上有影响的企业,更多倾向于选欧洲企业,导致中国企业参与投标不得不受到一些政治因素的干扰。当然,一些国家也会考虑经济因素,中国产品和技术只要有竞争力,就会有机会。总体而言,中国企业在巴尔干乃至欧洲获得项目的主要竞争力是价格低加上一定的技术基础,这种模式在发达的欧洲市场则不可持续,中国企业仍需要提升技术和服务的竞争力,以避免出现"价格倾销"的局面。

(3) 融资方式面临压力

比起世界其他国家,中国对巴尔干地区项目融资的支持既有优势,也存在问题。优势是速度快,需要的条件减少,支持火力发电(欧洲金融机构不支持火电项目);劣势是在欧洲市场利率偏高,通常国家开发银行等国家金融机构的优惠贷款在1%—3%,而欧洲金融机构提供的融资都在1%以下,日本的融资贷款利率甚至接近于零。欧洲金融机构目前积极支持新能源项目,融资利率较具竞争力,中国在欧洲新能源市场的融资支持竞争力较低。

(4) 政治气候对投资影响大

斯塔纳里火电站之所以推进迅速、高效施工,同波黑塞族共和国政府的大力支持有很大关系,投资的审批手续相当便捷。

但是波黑的不利政治条件也影响到项目投资。上海东方电气在2015年与波黑政府签署了另一个项目巴诺维奇火电站项目,但该项目地处波黑的穆克联邦。该联邦政局较为动荡,项目进展缓慢,直到现在也没有开工。穆克联邦政治组成复杂,党派之间互相倾轧,决策者之间互相掣肘。目前,穆克联邦正在举行大选,项目推进更加困难。

(5) 企业中长期投资规划和论证相对缺乏

调研团队在调查中发现,中国企业"走出去"的前期论证相对缺乏。作为企业投资整个流程规范化的一部分,前期调研与论证、可行性评估等工作非常重要。中国企业在实地项目勘察、短期做出决策方面体现出一定的优势和能力,但仍需辅之以规范化、程序化分析,没有对一个市场长远和深度分析,参与项目还是面临着一定风险。

## 四 河钢收购斯梅代雷沃钢厂

### 1. 收购背景

2015年时任塞尔维亚总理武契奇向中国总理李克强提出斯梅代雷沃钢厂长期经营问题，希望中国政府能够给予必要的帮助。斯梅代雷沃钢厂由美国一家公司经营，陷入破产困境，最后1美元卖给塞尔维亚政府。塞尔维亚政府承担巨额负担，原因是整个城市是因为斯梅代雷沃钢厂而建立的，长期经营不善，员工失去生活保障。

中国政府将此事委托给河北省执行，并做好前期调研。河北省是我国钢铁生产大省和强省，生产钢铁的经验积累丰厚。经过一番筹备后，在充分考察欧盟规则的基础上，中国企业以4600万美元购买了整个物资和钢厂。

2014年，借助产品开发的优势，河钢准确把握时机入股德高国际公司，实现了产销强强联合，顺势大步进入国际市场，当年出口产品突破400万吨，产品进入欧洲、美洲、中东等高端市场。2015年在前期友好合作的基础上顺利收购德高51%的股权，从而使得河钢集团拥有了全球最大的钢铁销售网络。这也为未来河钢收购斯梅代雷沃并扩大产品销售网络打下了基础。

2016年6月，河钢成功完成了对塞尔维亚钢铁有限公司的收购，7月初管理团队进入塞钢全面接管。接管后的5个月扭转了斯梅代雷沃钢厂亏损的局面，月钢产量由3万吨提升到15万吨，12月实现了当月盈利，塞尔维亚总理称"你们创造了奇迹"。那么河钢是如何做到了这一点呢？

河钢运营经验主要包括以下方面：

（1）积极协助塞钢，做好各方面协调沟通工作，继续采用前期建立的高效畅通的联络渠道和汇报机制：①每周生产情况总结和月度情况汇报，确保及时掌握项目进展情况，遇到问题第一时间协调解决；②积极协助塞钢做好欧盟反倾销应诉方面的工作，及时跟进塞钢反倾销进展情况，并将遇到的问题第一时间向领导和有关部门反映，2017年7月，欧盟委员会将塞尔维亚从反倾销调查名单中删除。

（2）充分利用并发挥唐钢公司内部技术、管理与人才优势，对塞钢提供全方位支撑，深入挖掘企业潜力，为塞钢健康发展注入动力。协调塞钢充分利用并发挥河钢全球资源掌控配置能力和成熟的营销网络，从原料采购、产品营销等多个方面，帮助塞钢降低采购成本、提高产品售价、开拓广阔市场，保障了塞钢生产运营的稳定运行，支持了塞钢经营业绩的持续提升。

（3）利用两国政策，积极辅助唐钢人力资源部共同推进塞钢员工培训。按照中塞两国约定，为提升塞钢职工技能与综合素养，协助塞钢共同制定2017年双边合作培训计划，其中全年计划派送塞钢五批次共120余人来中国，由中国商务部、河北经贸大学、国家发改委宏观经济研究院等开展质量管理、人力资源、现场管理、工艺设备改造等多方面培训。

（4）协助塞钢做好2017年产品升级改造、技改投资建设方面的工作。河钢集团2017年在上年对塞尔维亚公司投入1.38亿美元的基础上，决定再向塞钢投资1.5亿美元，用于提升塞钢的工艺技术装备水平，以确保塞钢产品产量、质量、产品结构以及节能减排得到全方面大幅度提升。

### 2. 风险评估

**（1）收购过程中面临着各种风险和不确定性**

①国家资助风险。2012年到河钢集团成功收购塞尔维亚斯梅代雷沃钢厂前，塞尔维亚政府已合计通过政府贷款、政府担保、债务免除等形式向斯梅代雷沃钢厂提供了约4亿欧元资助。根据欧盟与塞尔维亚签署的相关协议，这种由塞尔维亚政府提供的资助可能被欧盟有关委员会或者塞尔维亚国家资助控制委员会认定为非法国家资助，进而命令斯梅代雷沃钢厂来偿

还其获得的国家资助的全部金额，或者要求其执行"补偿措施"，该补偿措施包括但不限于产量配额限制以及其他措施。由于斯梅代雷沃钢厂是偿还国家资助的法人实体，如河钢集团被认定为该业务的承继者，将可能承担偿还国家资助的风险，或者承受产量配额限制或者其他"补偿措施"对生产经营所带来的后果。后河钢经与塞尔维亚政府妥善解决了这一问题。

②交割后管理风险。目前斯梅代雷沃钢厂具有5000余名在冶金行业具有成熟经验的员工，劳动力供给充足，但是由于目前中层以上管理人员大部分来自管理公司HPK，特别是高管人员几乎全部来自管理公司HPK，如出现大规模的核心技术和管理人员离职，商业计划的实施将受到影响。这一问题后也得到妥善解决。

③欧盟反倾销风险。塞尔维亚目前尚未加入欧盟，受美国对中国钢铁企业启动"337反倾销调查"的影响，有传闻称欧盟也将会对塞尔维亚启动反倾销调查。经初步核实认为欧盟极有可能出于对中国钢铁的敏感，在项目交割后启动对新公司的反倾销调查。而新公司80%以上的市场在欧盟国家，如果欧盟提起对新公司的反倾销，势必为新公司带来重大不利影响。

**（2）不同文化背景带来的管理问题**

不同国家（民族）、不同企业、不同个体之间的文化差异，必然导致企业在经营过程中出现文化冲突。在与中东欧 16 国合作的过程中，如何良好地进行跨文化管理，必然是双方要研究的一个问题。例如，中方员工秉承中国人的家国情怀，能够从国家、企业角度考虑工作问题，集体主义意识、工作责任心比较强。塞方员工职业化素养高，但自我意识、维权意识比较强，文化习惯也与中国习惯不同。

**（3）全球性钢铁产能过剩问题**

随着近年来经济形势持续走软、钢铁产能全球过剩等外在冲击，钢厂面临严峻的生存压力与挑战。对河钢集团也不例外，如何合理应对全球经济疲软对钢铁企业的冲击，如何实现产业转型升级，不断推陈出新，扩大非钢产业业务是河钢集团不可回避的难题之一。

## 五 克罗地亚跨海大桥项目

佩列沙茨跨海大桥是中国公司在克罗地亚规模最大的建设项目，总投资约 3.57 亿欧元，预计于 2021 年完工。该项目无疑是中克关系的一个重大里程碑，然而该项目也招致了若干争议，主要围绕其商业用途、招标过程、主要承建方以及该项目在克罗地亚—波黑双边争端中的角色等，这些都可能对其建设过程有所影响。

## 1. 概述

2017年6月，欧盟委员会批准了佩列沙茨跨海大桥的项目资金，这将把克罗地亚的飞地杜布罗夫尼克（Dubrovnik）与该国的A1高速公路路网连接在一起，而无须像现在这样经过涅姆（Neum），涅姆是非欧盟成员国波黑一小块带状领土。在欧盟委员会给该项目"开绿灯"并从欧盟聚合基金中拨款3.57亿欧元后不久，克罗地亚国内媒体就开始猜测该项目可能的承包商。中国路桥集团出现在了媒体的猜测名单之中，有几家日报社称"据内部消息，'中国人'可能会成为主承包商"。从2017年7月开始，中国路桥集团和克罗地亚交通部及克罗地亚道路公司的代表就佩列沙茨跨海大桥项目的公开招标事项举行了几次会议。

2017年9月，克罗地亚道路公司开启了该项目的公开招标。投标于2018年1月截止，克罗地亚交通部和道路公司宣布，它们一共收到了3份"值得认真考虑的标书"，其中中国路桥集团的是"最优的"。尽管据称这一决定的形成和公布远早于投标结束日期，但也有可靠消息称，萨拉热窝方面的反对其实延误了该决定的做出。波黑政客向欧盟委员会要求叫停这一项目，直至波黑、克罗地亚两国之间的海上边界线争端得到解决。

2018年1月,也就是招标开启4个月后,克罗地亚道路公司宣布由中国路桥集团牵头的中方联营体将承建佩列沙茨跨海大桥。在解释为何做出这一决定时,该公司表示,中国路桥集团的报价(20.8亿克罗地亚库纳,不含增值税)最接近该项目的成本估价(17.5亿库纳)。此外,中国路桥集团还有"出色的成功范例"(东海大桥、杭州湾大桥),并承诺在3年内完成建设(比招标规定的工期提前了半年),并在额外维修服务之外,为大桥提供120个月的"保修期"。因此,该公司的项目陪审委员会为中国路桥集团的方案打出了100分的满分。

"第一梯队"的两份标书分别包括:奥地利(与俄罗斯合资)的Strabag建筑公司给出的26亿库纳的报价,该公司在修筑A1高速公路时与克罗地亚道路公司有过合作。该公司也给出了120个月的"保修期",但是工期为3年半。来自意大利的Astaldi建筑公司和来自土耳其的Ictas建筑公司所组成的联营体给出的报价是25亿库纳,但是该投标未被纳入考虑范围,因为它缺乏银行担保。在招标结束后,Strabag公司宣布将向克罗地亚交通部和道路公司共同组成的项目监理会投诉,理由是中国路桥集团给出的报价是倾销价格。

由于中国路桥集团的报价比项目的预估底价高出了10%,该投诉未被受理,中国路桥集团正式成为承包商。2018年4月，项目合同最终签订，双方迅速开始寻找项目监理机构。项目相关材料于2018年夏天被转交至中国路桥集团，集团开始了相关的后勤准备工作。

2018年9月，项目正式开工，中国路桥集团第一批负责后勤支持的工程师和施工人员抵达现场，开始寻找当地分包商和合作商。根据合同，中国路桥集团需要首先就桥柱选址问题给出新的细化方案，这项工作预计在6个月内完成。尽管有报告称他们在寻找当地工程师、雇员和住宿方面遇到了一些困难，但是在大型设备（水下钻孔机）运抵前的选址准备工作仍在按计划表推进，此外，据项目建筑师M. Pipenbacher表示，第一个肉眼可见的桥体部分将在项目开工的10—12个月后（也就是2019年的7—9月）出现在大家面前。

## 2. 佩列沙茨大桥与克罗地亚—波黑间的海上领土"争端"

根据萨拉热窝方面的报道，波黑对佩列沙茨跨海大桥项目的抵制依据是双方边界问题，这一事件可以追溯到1996年。时任波黑主席团轮值主席阿利雅·伊泽特贝戈维奇（Alija Izetbegović）和时任克罗地亚总理弗拉尼奥·图季曼（Franjo Tudjman）签署了双边协议，规定现有的边界划分情况是临时的，任何对现状的改变都需要双方取得共识。他们拟定了双方谈判草案，将遵循联合国海洋法公约，并引入了国际仲裁作为最终解决方案。

2007年，在克罗地亚方面试图推进佩列沙茨跨海大桥项目时，萨拉热窝方面认为该项目违反了双边协议。同年，波黑主席团的塞族成员拉德马诺维奇（Radmanović）要求克罗地亚方面"不要单方面就桥梁建设做出任何决定"，直至双方就桥体是否跨过了波黑领海、是否阻碍了波黑出海口达成一致。克罗地亚方面则表示，大桥位于波黑领海上方很高的位置，不会阻挡大型船只通行，也就不会影响到双方目前的边界划分情况。克罗地亚方面同时表示，完全尊重波黑的出海权，并且同意有必要对Klek半岛周围的水域划分情况作出一些改变。

2009年，当佩列沙茨跨海大桥项目申请欧盟基金时，克罗地亚需要确保项目选址范围内没有领土争端。申请文件内还附有克罗地亚和波黑两国外交部签署的备忘录，文件"显示了"目前双方的边界划分协定不会给大桥建设带来任何法律障碍。在审核、评估之后，欧盟委员会宣布该文件有效，同意了项目的资金申请。波黑政坛则质疑该文件，因为他们宣称签署它的波黑政客都是被欺骗或是收买了，而欧盟委员会正是基于这份文件确立了克罗地亚的占领地保有原则（uti possidetis）。因此，他们要求往回追溯，援引更早些时候双方签署的协定，尤其是前文提到过的"伊泽特贝戈维奇—图季曼协定"。

克罗地亚方面不准备向波黑方面做出任何的让步。第一，克罗地亚严正拒绝任何涉及佩列沙茨跨海大桥的双边争端，因为严格来说，波黑的三位主席团成员之间都未在这一事件上达成一致，因此它还不足以被拿到双边外交层面正式地来谈。上一届主席团中的克族成员德拉甘·乔维奇（2014年11月到2018年11月在任）曾是他们提起争端的一个不可逾越的障碍，现任主席团的塞族成员多迪克（2018年11月在任）也表示他反对任何针对佩列沙茨跨海大桥的行动。鉴于这一事项在波黑内部还有待讨论，因此想让争端升级的那些人不仅要和克罗地亚方面对立，还要和国内的"亲克罗地亚"势力作斗争。因此，在这一"争端"中，"萨拉热窝方面"和"波黑方面"并不是同义词，前者指的其实是一群恰好来自萨拉热窝的、持统一立场的政治家。第二，在这一事件上克罗地亚有来自欧盟的强力支持。不仅在投标过程中，也在波黑主席团新任克族成员科姆希奇发表反对该项目的言论后，欧盟都以一种轻描淡写的口吻向双方保证大桥建设过程不会停止。第三，涅姆及其周边地区人口中占绝大多数的是克族人，他们也基本上都是支持该项目的。在萨拉热窝方面的说法中，涅姆作为该国通往亚得里亚海的唯一出海口，是波黑旅游和交通的战略性港口，以后甚至可能被发展成自由贸易、低税、旅游导向型经济的特殊经济区。在这一构想中，佩列沙茨跨海大桥切断了波黑的出海口，就是扼杀了涅姆成为"波黑的香港"的机会。更加现实主义的反对声音则指出，一旦佩列沙茨跨海大桥把克罗地亚高速公路和杜布罗夫尼克连接起来，夹在其间的涅姆就成了交通网络中的一潭死水，也就将失去这些年来经济赖以发展的收入来源。这一反对是有道理的，但是却被忽视了，因为这主要是萨拉热窝方面的看法。在涅姆地区占绝对多数的克族人并没有看到他们的长期利益将像萨拉热窝方面预测的那样受损。事实上，他们支持大桥建设是因为它将缓解涅姆的交通拥堵问题，尤其是在夏季。

### 3. 其他争议

#### （1）政治价值

建设佩列沙茨跨海大桥的想法其实早在克罗地亚建设 A1 高速公路时就被提出了，从 2004 年起，这一构想随着"统一克罗地亚领土"这一政治运动口号的提出而日益升温，并且杜布罗夫尼克当地的政治人士也不断向选民们强调该大桥的重要性。在 A1 高速公路建设的同时（2005—2009 年），克罗地亚政治人士曾几度宣布为这一项目"剪彩、奠基"。在此期间，他们也做了一些基础性的工作，比如竖起了一座陆上桥塔（中国路桥集团需要拆除这一建筑）。金融危机后，这一系列工作于 2009 年停止，并且再没有被重启。然而在此期间，佩列沙茨跨海大桥仍然是"统一梦"的一个重要象征，因此在后来的日子里，它的政治意义似乎超过了其他所有意义。

（2）**经济价值**

许多组织（非政府组织、反对党、政府间组织等）都反对仅仅因为政治原因而启动这一项目，因为公正的、全面的成本和收益分析并没有完成。一个重要落脚点就是国家财政预算吃紧，政府需要优先考虑一些更加紧急、对国家和地方回报也更快的基础建设项目，比如修筑一条穿越涅姆的高速公路可能是更加"理性"的选择。有些人还强调，佩列沙茨跨海大桥项目是不符合经济规律的，因为其成本大于其回报，或者说回报尚不明确，因此这一项目将成为克罗地亚版本的"沙漠大教堂"。这一观点不仅提到项目开支过于高昂，还提到其成本估算不精确、项目准备不充分等。然而，由于欧洲聚合基金将为这一项目注资，可以想象在金融方面地方和中央政府都无须担忧了，在项目成本方面的争论也就不复存在了。

**(3) 关于倾销 (dumping) 的争议**

一些克罗地亚国内外的经济学家提出了这一观点，主要是说中国路桥集团的报价低于市场价，因此是倾销行为。这一观点的依据是中国路桥集团获取的劳动力（中国本国人）、建筑材料（钢材）都比其他竞争者的预估项目成本要低。此外，克罗地亚是在2017年才开始执行欧盟在公共采购方面的法律的（这一法律破除了"价格优先"的思路，报价只占评选标准的30%—40%的权重），而佩列沙茨跨海大桥项目的招标是按照旧法律（"价格就是最重要的标准"）执行的；因此，尽管报价和预估底价有10%的差距，媒体仍然有倾销方面的猜测。

**(4) 价格操作 (price fixing)**

2017年上半年的阿格罗科尔集团债务危机、公共部门缓慢的工资调整和仍旧乏力的经济增长让克罗地亚政府面临预算紧缩的压力，尤其是在大型建设项目这种要求大规模预算调整的事业上束手束脚。根据媒体上流传的多方未经证实的消息称，克罗地亚交通部因此和中方开展了一些"初步的谈话"，以期让整个项目建设的资金预算都"涵盖"在欧盟委员会同意支付的金额以内，由此，克罗地亚政府就无须支付额外支出了。然而，媒体均未对此消息提供证据。

## 4. 现状与挑战

### (1) 项目在克—波双边纠纷中的定位

2017年6月，克罗地亚方面宣布开启佩列沙茨跨海大桥项目的举动在萨拉热窝引发了激烈反应。萨拉热窝方面认为，该项目单方面地改变了两国间在涅姆湾海域及航道上现有的划分情况。波黑方面（起初最主要指的是总部设在萨拉热窝的穆斯林党派，如波黑民主行动党SDA）试图向克罗地亚和欧盟委员会施压，以阻止该项目实施，直至两国间海上分界线划分完成、涅姆湾航行权归属明确。波黑主席团成员、SDA主席巴基尔·伊泽特贝戈维奇（Bakir Izetbegovic）致信欧盟委员会，要求停止该项目，并威胁如果欧盟委员会拒绝该要求，将向欧洲法院提起诉讼。

项目公开招标以后的几个月，波黑方面开启了反对该项目的舆论攻势。然而由于缺少主席团中的克族成员和塞族成员，以及任何一个塞族或克族政党的支持，这一抗议并没有被克罗地亚方面视为正式诉求，认为其尚且够不上外交事务。此外，克罗地亚方面还拥有涅姆地区占绝对多数的克罗地亚族民众的支持，对于来自波黑中央政府方面的抱怨就更加不以为意了。波黑国内克罗地亚族出身的政治代表也支持解决双边边界问题，但是认为以此为理由而反对佩列沙茨大桥项目则是毫无依据，也缺乏诚意的，只不过是萨拉热窝方面的"白日梦"而已。

然而，2018年波黑大选后，情况发生了变化。波黑主席团新任克族成员热利科·科姆希奇（Zeljko Komsic）是一位坚定的统一拥护者，他支持萨拉热窝方面抵制佩列沙茨大桥项目的立场，表示若在涅姆湾的边界纠纷解决以前该项目仍在继续实施，将向欧盟委员会致函抗议。若欧盟委员会拒绝协调，他甚至支持波黑应向欧盟仲裁委员会和汉堡国际海事法庭提起抗议。当主席团的克族成员和萨拉热窝方面统一了立场，亲克罗地亚的声音和当地支持大桥项目的人的声音就可能没有那么强力了。事实上，尽管该项目还不是波黑和克罗地亚间的双边纠纷，波黑中央政府仍有可能以爱国主义的名义，发动当地人抵制该项目，或是宣称当地支持该项目的克族人的行为与国家利益相悖。这将把波黑与克罗地亚官方完全对立起来，尽管目前来看可能性还较低，但是从长远来看，克罗地亚中央政府方面很有可能在涅姆湾边界划分、大桥下方的航海权，或是其他政治事务上作出让步，而这些都有可能影响到大桥的建设过程。

笔者同奥地利格拉茨大学教授、巴尔干问题研究专家弗洛里安·比伯（Florian Bieber）进行了交流，他本人对桥梁修建的风险评估认为，边界争端最终不会构成障碍,因为在这个问题上欧盟的发言权和当地市民的支持是主要的合法性因素,另外,相关各方有能力解决这一问题,使得桥梁修建变成一个共赢项目。

**(2)"来自欧洲的忧虑"——欧盟内部利益相关方的反对**

据参与了招标过程以及和中方联络事宜的官方透露,和中国路桥集团的协商也引发了一些欧洲国家的关注。这些反对声音主要还是内部的、非官方的,除了经济上的考虑(如价格倾销、中方针对欧盟国家的经济保护主义等)外,也有政治上的考虑(比如中国涉足欧盟基础建设领域的地缘政治基础等)。然而必须说明的是,这些忧虑在招标方决定主承包商是谁之前就广泛存在。有人担心 Strabag 针对招标过程的质疑是否有政治背书,但是尽管在布鲁塞尔做了一番游说,该公司未能制止该招标。与之相矛盾的另一种声音是,"来自欧盟的忧虑"是在承建商确定是中国人以后才出现的,这表明欧盟方面没有太关注招标过程,或者说中国方面在规避欧盟审查方面做得很好。

不管事实如何,根据媒体报道,欧盟在招标结束后表示出的反对更多还是口头上的。在 2018 年 8 月,Seebiz.hr 网站未经证实的消息来源称"德国人"对中国公司承建克罗地亚大型建设项目颇有微词,"尤其该项目是由欧盟出资的"。另有巴尔干半岛电视台的消息称,"一些忧虑的欧盟官员"担心佩列沙茨大桥项目被"以低价给了中国人",担心中国人通过"后门"进入了欧盟市场,指责欧洲公司没有在中国获得同样待遇,倾销、价格操作和不透明的操作过程也有被提及。

欧盟人民党内部"亲曼弗雷德·韦伯的团体"2018年10月在赫尔辛基举行的会议中也传出了对该项目的不满声音,这些人也在克罗地亚目前由民主联盟党(HDZ)执政的政府中占多数。据报告称,欧洲人民党内部的一些议员更加鲜明地反对"中国公司承建由欧盟出资的项目",表示将尽力阻止类似的事再次发生。此外,还有观点认为佩列沙茨大桥对克罗地亚来说"意义过于重大",可能会是中克经济关系的一个重大突破,或说一个警告。作为一届极力争取加入欧盟共同外交与安全政策的政府,克罗地亚领导人可能会在意这些观点,这或许也是2018年11月克罗地亚首相普连科维奇(Andrej Plenkovic)的访华被略微降格了的原因,他仅仅关注了佩列沙茨大桥项目和目前双边在进行的合作,而没有谈及其他项目和未来计划。

欧盟"利益相关方"对正在施工中的佩列沙茨大桥项目造成的威胁有两方面。第一,正如其暗示的那样,欧盟可能会对主承包商和项目监理方(IGH、COG和Interstoinzenjering组成的联营体)进行安全、环保、程序标准等方面进行细致的审查，若有问题，欧盟委员会可以撤回注资。第二，这一审查也可能来自克罗地亚政府和负责监理的该联营体，后者也可能会受到来自克罗地亚政府和欧盟利益相关方的压力。

(3) 分包商和当地经济

尽管合同中并没有规定中国路桥集团作为主承包商有雇佣当地公司的责任，但是佩列沙茨大桥项目被宣传成了一个有利于刺激当地建筑行业和经济发展的项目。据多方消息，中国路桥集团也表示出了雇佣一定数量的当地公司来负责后勤服务方面事务的意愿，如翻译、咨询和交通服务等。尽管也有消息称，他们在寻找当地分包商时遇到了一些困难，但是这一消息很难被证实，因为据 Vecernji 报道，中国路桥集团封闭了施工场所，也规定当地的服务提供商不得向媒体透露任何消息。

另外，政府也承诺了当地公司将参与到项目当中。据交通部表示，2018 年 8 月双方就当地的后勤和服务提供商和翻译、咨询、交通行业的工作者该如何参与到项目中进行了讨论。当地的建筑公司 Skladgradnja 和 Konstruktor 证实，它们正在就提供专业知识和分包该项目的某一部分和中国路桥集团展开磋商。然而，当地分包商在整个项目中所占的份额，以及他们获得分包合同的过程仍然不为公众所知。

### 5. 对中克关系的影响

普连科维奇政府明白和中国拉近经济关系的好处，在"16+1合作"索菲亚峰会上，克罗地亚被确立为下一届峰会承办国。克罗地亚也表达出了在旅游、体育和电影行业和中国合作的兴趣。中国的投资者也在缓慢接触克罗地亚的项目，包括扎达尔港口、塞尼风电站、克罗地亚铁路网络现代化、国家体育馆等，而佩列沙茨跨海大桥无疑是最大的合作项目，代表着中克关系的重大突破。

要总结佩列沙茨跨海大桥项目对中克关系的影响，还需要提到以下问题。与中国的关系还尚未成为克罗地亚在欧盟以外地区的外交战略中最优先的部分，而在匈牙利和捷克，对华关系已然取得了如此地位。正如克罗地亚国内外交学者提出的那样，目前中国和中东欧国家的合作是克罗地亚能够加入的一项进程，但是也有人担心它会给克罗地亚融入欧盟带来影响，此外，不熟悉和中国人打交道的方式也是目前克罗地亚领导层对中克关系的一些倡议、方案还持有保留态度的原因，他们还未消化这些项目。只有在地缘—经济方面的忧虑都被排除了以后，佩列沙茨大桥项目才能被视为一项积极的成果。

## 六 匈塞铁路塞尔维亚段建设项目

### 1. 匈塞铁路项目简介

匈塞铁路是匈牙利首都布达佩斯和塞尔维亚首都贝尔格莱德之间的铁路段，连接着南欧、中欧、东欧和中东地区，是欧洲大陆上重要的交通枢纽。2013年，李克强在罗马尼亚出席第二次"16＋1"领导人会晤期间，与匈塞两国总理共同宣布对匈塞铁路进行现代化改造。

由中国实施的匈塞铁路改造项目，意味着既有的非电气化单线铁路将升级为电气化客货混线快速铁路，两地之间的运行时间将从8小时缩短至3小时。匈塞铁路是中国在欧洲的第一个铁路基础设施建设项目，是"一带一路"国际合作高峰论坛的主要合作成果之一，也是中国与中东欧国家"16＋1合作"的旗舰项目。

2014年第三次"16＋1"领导人会晤期间，李克强与塞尔维亚、匈牙利、马其顿总理达成一致意见，以匈塞铁路作为起始段落，向南经马其顿与希腊比雷埃夫斯港相连，打造"中欧陆海快线"。

在2018年7月举行的第七次中国—中东欧国家领导人会晤上，与会各国均表示欢迎中国、塞尔维亚、匈牙利在匈塞铁路项目上取得的重要进展，愿意探讨将匈塞铁路延长至阿尔巴尼亚、克罗地亚、黑山和斯洛文尼亚有关港口的可能性，以继续推进中欧陆海快线务实合作，并欢迎17国企业在中欧陆海快线和中欧班列沿线路段开展类似的基础设施建设合作，认为这将有益于欧洲一体化进程。

匈塞铁路规模庞大，意义重大，但随之而来的也有多方面的挑战与风险。由于目前匈牙利是欧盟成员国，塞尔维亚不属于欧盟，匈塞铁路的匈牙利境内路段受欧盟因素影响，推进相对缓慢。英国《金融时报》2017年2月20日报道称，欧盟委员会正在调查中国"一带一路"建设的标志性项目——匈塞铁路的财务可行性，并调查该项目是否违反了"大型交通项目必须进行公开招标"的欧盟法律。截至2018年9月，匈牙利境内路段仍在前期准备当中。塞尔维亚境内路段虽然更早签下合同，但至今前后历时四年、共剪彩开工了三次，才真正开始建设铁路的第一段，同样是几经波折。

### 2. 匈塞铁路塞尔维亚段的推进过程

匈塞铁路在塞尔维亚境内共分为三段：34.5km的贝尔格莱德中心—旧帕佐瓦段（以下简称贝旧段）、旧帕佐瓦—诺维萨德段（以下简称旧诺段）、107.4km的诺维萨德—苏博蒂察段（以下简称诺苏段）。其中，中间的旧诺段工程总承包商为俄罗斯一家铁路公司，一头一尾的贝旧段、诺苏段由中国公司承包。

塞尔维亚段的投资方即业主为塞尔维亚铁路基础设施公司（以下简称塞铁公司），融资方为塞尔维亚共和国政府，承包商为中国铁路国际有限公司塞尔维亚分公司（以下简称铁总国际）和中国交通建设股份有限公司（以下简称中交股份）组成的中方联营体。塞方自有建设资金仅占塞尔维亚段总投资12.6亿欧元的15%，剩余85%的资金由中国进出口银行提供优惠出口买方信贷贷款。

2016年11月，中方联营体与塞尔维亚方签署了贝旧段商务合同。随后，中塞双方进行了耗时一年的准备工作，签署了中国进出口银行与塞尔维亚财政部的贷款协议、铁总国际与中交股份的联营体实施协议、中方联营体与塞尔维亚CIP交通设计院的设计分包合同等一系列协议。

由于贝旧段涉及的项目参与方众多，整个项目谈判过程程序复杂、耗时漫长。塞尔维亚方面，除了业主方塞尔维亚交通部和塞铁公司之外，还有塞尔维亚政府劳工局、塞铁雇用的NOBO认证机构、监理团队、技术审查委员会、匈塞铁路管理中心等各方负责管理、监督、审查。中国方面，中方联营体进行项目承包，需要雇佣塞尔维亚本地的保险公司、安全咨询公司、律师事务所和会计事务所等一系列服务性机构。经过多方协商与层层审批，直至2017年11月中方联营体才获得了塞尔维亚交通部颁发的贝尔格莱德—泽蒙首发段的建筑许可证，并于第六次中国—中东欧国家领导人布达佩斯会晤期间在泽蒙站举行了开工仪式。2018年6月5日，贝旧段正式开工，目前正在进行征地拆迁、塞籍人员招聘、施工设计图提交、安全质量方案对接等各项工作。

同时，诺苏段在过去的一年内经过了三轮的艰苦谈判，中塞双方共同确定了全线全封闭施工的方式以及合同定价与工期。双方于2018年7月7日第七次中国—中东欧国家领导人保加利亚索菲亚会晤期间正式签署了诺苏段至塞尔维亚边境克莱比亚的商务合同。

### 3. 项目建设面临的挑战

#### （1）激烈的内外竞争

中国在塞尔维亚进行投资的方式主要有两类。一是建厂生产出口商品，在这种情况下竞争压力多来自欧盟成员国和俄罗斯、土耳其等国的出口贸易商，在塞尔维亚原有的对外市场中争抢份额，可能会受到反倾销、贸易保护等诸多限制和法律关卡。二是中国企业在塞尔维亚修建大型基础设施项目，匈塞铁路便是一个典型的例子。在这种情况下中国企业的竞争对手则是来自西欧发达国家和日本、美国、俄罗斯等国的大型跨国公司。和这些公司相比，中国企业在欧洲建设大型工程的经验和资源都远远不足，中标困难。即使中标开工，也常常面临着塞尔维亚国内和国外对中国企业在招标、设计、采购、施工一系列流程上公开度和透明度不足的指责。不过对此也有在塞中国企业表示，与塞尔维亚的项目合同中有明确的价格标示，相比其他竞争者有优势，而欧盟多有指责只是因为对其传统"势力范围"被争抢而感到不满。另一方面，中国企业内部也可能存在恶性竞争，例如相互压低价格导致项目质量下降。

（2）**技术与程序合规**

"走出去"建设海外大型项目的中国企业往往是在国内积累经验，或者是以亚非拉地区的海外项目为主。根据过去的项目来看，国内建设项目的"中国模式"走到许多非洲国家都可以直接移植，在拉丁美洲国家则一般沿用西班牙、葡萄牙等原宗主国留下的标准，而在塞尔维亚则需要遵循欧洲标准。

虽然塞尔维亚尚未成为欧盟成员国，但在项目建设的各项程序上有着和欧盟基本一致的严格要求。匈塞铁路的塞尔维亚段项目为改造既有的线路并增建二线，形成双线电气化客货共线快速铁路，将信号系统升级为ETCS-2级列控系统，线上线下设施设备均需满足欧盟铁路互联互通技术规范（TSI）的强制性要求。项目所有的建设程序、设计文件等资料也需要符合塞尔维亚规划和建设法、铁路安全及互通性法律以及塞尔维亚其他相关法律的要求。从匈塞铁路的实践显示出，中国企业与欧美国家的接轨程度还比较低。不管是在工程师资质，还是文档水平、图纸水平、设备资料以及整体方案上都很难达到欧洲的要求，在施工技术咨询等方面还需要借助当地第三方公司的支持，这种方式大大降低了整个项目的运行效率。

在行政程序上，塞尔维亚也和许多欧盟国家一样有着较为复杂、漫长的审批程序，中央和地方政府的关系和运作方式也和中国不一样。在环保要求上，塞尔维亚遵守欧盟禁止煤电的规定，在国家工业园区中通常不允许安置重工业，在企业建设过程中甚至会考虑到风向、河流流向等具体细节。由于塞尔维亚国土面积小、邻国多，许多项目可能还需要取得邻国的环境许可，例如目前正在进行的科斯托拉茨电站二期项目，就需要罗马尼亚政府批准在两国边境附近进行施工。目前在塞中国企业的经营活动基本都可以达到塞方的环保要求，但却增加了不少成本。

（3）中国元素和非中国元素

塞尔维亚对于中国投资项目通常要求非中国元素比例占到40%—50%。例如，匈塞铁路贝旧段商务合同要求中方聘请非中方分包商，使用中国境外生产、加工制造的材料设备金额不得低于中标合同金额的46%，对雇用当地劳动力的人数也有要求。

为了使项目中的中国元素占到一半以上，中方联营体在建筑许可设计中采用了中国的通信、信号、电力和电气化工程"四电"相关设备的参数设计，融入中国铁路施工组织管理理念，并自主制定符合塞尔维亚相关法律法规的管理制度。这就对中方的项目执行人员提出了更高的要求，尤其是需要能够在海外对"一带一路"项目总体方向进行把握，在高效合规推进项目的同时保证中国元素比例的人才。

### 4. 未来的风险分析

匈塞铁路项目的规模之大、涉及金额之多和参与方之多，决定了该项目风险的复杂性。由于距离、语言、政治、文化等多种因素的限制，相关国家之间还存在信息不对称的问题。仅就已开工的塞尔维亚段而言，未来面临的风险主要在资金方面和外部环境的变动方面。

(1) 资金风险

2018年5月，国际评级机构穆迪（Moody's）对塞尔维亚的主权信用评级为Ba3（即不确定因素较多，具有明显信用风险），展望为稳定，在信用评级中处于中等偏下水准。塞尔维亚政府的财政状况比起刚经历金融危机之时已经在逐步好转，GDP增长率从2009年一度降至-3.11%，到2018年塞尔维亚中央银行预测能达到4%。但是，塞经济存在公共负债严重的现象，2014年、2015年、2016年三年公共债务占到全国GDP 70%以上，经过调控到2018年1月也有57%之多。

匈塞铁路塞尔维亚段和以往中国在塞尔维亚的大型工程建设项目一样，以中国进出口银行等中方机构提供买方优惠贷款、塞尔维亚政府提供主权担保、由中国企业进行工程总承包（Engineering Procurement Construction，EPC）的方式进行。这样的方式在资金上比中国与非洲许多国家建立的"石油换贷款"模式更依赖于项目所在国财政状况。一旦塞尔维亚政府入不敷出，中方就将面临绝大部分贷款无法收回的情况。

在债务压力加重的背景下，塞尔维亚政府目前也在更多地鼓励外资企业采取建"建设—经营—转让"（Build-Operate-Transfer，BOT）、政府和社会资本合作（Public-Private Partnership，PPP，或称公私合营）等方式来进行大型项目建设。例如，正在规划中的莫拉瓦运河综合开发项目和更多的高速公路项目就计划采取BOT模式，由塞尔维亚政府向有兴趣参与的中国私人机构颁布特许经营资质，允许其在一定时期内筹集资金，完成基础设施建设之后负责管理和经营。

### (2) 塞尔维亚入欧的影响

加入欧盟可谓塞尔维亚近几年国家对外政策中的最主要目标。塞尔维亚原本希望在2020年前成为欧盟正式成员国，不过大部分政府和企业人员认为这一进程还需要5—15年的时间才能完成。一旦塞尔维亚加入欧盟，塞尔维亚与其他国家以往在国家层面所签署的协定都需要服从于欧盟的整体框架，受欧盟一致性的对外战略的影响。例如，塞尔维亚和俄罗斯、土耳其、白俄罗斯、哈萨克斯坦等国家的自由贸易协定将失效，和中国的合作协议也可能需要作出相应的调整。在欧盟的框架下，匈塞铁路塞尔维亚段可能和匈牙利段的建设一样，面临更大的阻力。

即使是在中国的专长领域，即使是规模庞大的国有企业在政府的支持下推进"一带一路"项目，匈塞铁路要在欧洲国家成功落地仍是不易。但是，在重重挑战之下，合作仍然是符合各国共同发展要求的主旋律。匈塞铁路是中国铁路"走出去"到欧洲的首次尝试。从对旧线路改造到建设新线路，中国铁路在技术领先的前提下，在攻坚克难、迎接挑战中不断壮大起来。随着匈塞铁路项目的逐步推进和可以预期的完工，相信它将为更多的"一带一路"欧洲项目建设提供宝贵的经验。

# 第五章 前景分析与展望

## 一 保护主义对"一带一路"建设影响的前景分析

1. 欧洲保护主义对"一带一路"的影响将会持续，中欧在"一带一路"倡议下合作短期难有实质性进展，中长期会有进展

从目前情况看，欧洲保护主义情绪正浓，欧洲的难民危机、恐怖主义等短期内不会缓解，政治生态的保守化仍会持续一段时间，且保护主义力量甚至可能呈增长态势。欧洲大量选民仍抱怨全球化以及新兴力量崛起对欧洲造成威胁，因此，从短期看，欧洲相关国家政府采取保护主义措施可缓解执政压力，保护主义仍有较大的存在空间。

在保护氛围渐浓的情况下，中欧在"一带一路"倡议框架的政策沟通障碍未来将会增多。欧盟机构和

某些大国质疑"一带一路"建设的情况还会持续存在。① 此前，在"一带一路"国际合作高峰论坛、中欧峰会、中国和欧洲大国双边会晤等场合多次无法就"一带一路"相关文件达成协议，欧方坚持在协议中加上"透明度""对等合作"以及欧盟具体标准等。英国则坚持高标准的同时，加入欧方所认为的"最佳实践"和"最佳标准"，令合作协议难以达成。② 预期，欧盟及其成员国仍将会以相关条件为前提，施加必要压力。"一带一路"倡议与欧洲规则和实践之争将会更加明显，欧洲大国或欧盟机构将会继续将自身的规则和实践作为保护墙，加大对欧盟共同市场和共同利益的保护。

从中长期看，这种情况有望缓解。第一，欧洲国家仍有较强的动力吸引外部投资，分享新兴经济体的发展机遇；第二，随着"一带一路"项目在欧洲投资渐多，中国企业更加熟悉当地营商环境，承担起更多社会责任并积极解决就业问题，欧洲民众对"一带一路"的感知会发生相应变化，对该倡议的建设性意义

---

① "EU Backs Away from Trade Statement in Blow to China's Modern Silk Road Plan", *The Guardian*, May 15, 2017, available at https://www.theguardian.com/world/2017/may/15/eu-china-summit-bejing-xi-jinping-belt-and-road.

② "May Resists Pressure to Endorse China's 'New Silk Road' Project", *Financial Times*, January 31, 2018.

会有更加客观的认识。

**2. 中国对欧投资将面临更多的监管，但欧盟会用更平衡性的办法来应对"一带一路"在欧洲的投资**

欧盟将会持续推进投资安全审查制度建设，并在欧盟层面形成有效的对华投资审查机制。为避免更多争议，欧盟将对战略产业进行更清晰的定义，欧盟会针对中国的投资设定明确的标准，同时把中国的金融工具尽量纳入欧盟现有机制如泛欧网络框架之下并为之服务。①

未来，欧盟在细化安全投资审查机制的规定和规范的同时，也会做好市场保护与开放之间的平衡。正如欧洲智库所分析的，以国家安全为借口搞市场保护并不能持久。欧盟作为自由市场的先驱，必须秉承真正的开放原则以及更聪明的措施避免使一些保护措施加剧欧盟市场的脆弱性。公平的竞争环境对维护欧盟产品长期竞争力和维护国际贸易多边体系非常重要。因此，欧盟势必会在自由贸易原则和保护关键部门之间做好平衡，以避免被外界误读为对中国搞市场保护是

---

① "Foreign Investment Screening and the China Factor: New Protectionism or New European Standards?", November 16, 2017, http://cn.bing.com/search? q = Europe + protectionism + China&qs = n&sp = −1&pq = undefined&sc = 0 − 25&sk = &cvid = 77D35329CFC54F098429CC247B26194A&first = 11&FORM = PERE.

一种反华行为。① 因此,"一带一路"建设在欧洲面临的投资环境虽然会趋紧,但仍会有较大的空间和机遇。

未来,随着市场保护机制的进一步发展,有可能会倒逼中欧投资协定谈判加速进行,进而通过法律形式固化和规范化双边的投资合作,促使"一带一路"建设的投资在双方共同认定的法律规范框架内执行。

### 3. 受贸易保护主义影响,中欧贸易纠纷不会有实质性缓解

不承认市场经济地位预示着未来中欧间的贸易纠纷和摩擦会持续。欧盟放弃"市场经济地位"和"非市场经济地位"概念转而使用"经济扭曲"的概念,就是为了保留对华反倾销调查的法律基础。欧盟一旦认定中国存在市场"严重扭曲",就可以使用第三国的价格来判定是否存在倾销行为。欧盟反倾销调查新方法相比过去没有实质变化,只是将适用的条件从过去的"非市场经济国家"变成了"严重扭曲市场"。在这一原则指导下,现有的反倾销武器依然有效,欧盟对华反倾销调查的数量不会减少,反而会根据利益

---

① "Foreign Investment Screening and the China Factor: New Protectionism or New European Standards?", November 16, 2017, http://cn.bing.com/search? q = Europe + protectionism + China&qs = n&sp = −1&pq = undefined&sc = 0 − 25&sk = &cvid = 77D35329CFC54F098429CC247B26194A&first = 11&FORM = PERE.

和民意、舆论需要，加大在具体领域的"双反"力度。因此，从中短期看，中欧之间在贸易上的纠纷和摩擦不会有明显的突破性方案。

**4. 美国因素对欧洲保护主义影响很大，中欧竞合关系将成为常态**

美国对欧洲保护主义的影响体现为相辅相成的正反两个方面。从正面看，美国对欧洲实行保护主义的影响是非常直接的、具体的，比如特朗普上台后对欧洲民粹主义的发展具有直接的影响。欧洲对中国采取的投资安全审查、不承认完全市场经济地位问题，某种程度上是在美国直接影响和干预下实施的，因此，美欧之间互相协调、互相配合对中国施压的态势一直是存在的。在联合推动中国扩大市场准入以及扩大对外部商品的进口、保护知识产权等方面美欧立场一致、利益一致。

从反面看，美国与欧洲在某些领域又是矛盾的，美国政府坚持贸易单边主义、不遵守国际贸易体制等做法直接促发了欧美之间的矛盾，不停对欧盟发起贸易摩擦也令欧洲非常不满。欧洲寻求同中国加强合作来保护贸易多边主义和自由化以及全球化的愿望依然存在，中欧之间针对美国的立场有共同合作的基础。因此，中国通过加强对欧合作来反对美国的贸易保护主义，可以部分缓解欧洲对中国的贸易保护主义压力。总的来看，中欧之间在保护主义问题上的纷争与合作将会成为常态，并且随着美国因素的影响而在烈度上会有不同的体现。"一带一路"在欧洲的建设也需要把握好中美欧三边关系的这种复杂特点，寻求更好的合作机遇。

## 二 欧方就加强在"一带一路"倡议下合作的方案和建议

欧洲如何看待"一带一路"以及如何参与，目前已经能够看到很多建设性成果。这表明欧洲对"一带一路"倡议是十分关注的，也希望通过加强与中国来扩大互利共赢。我们对欧洲的立场应该有所了解，以便有的放矢地提出系列建设性合作方案。

笔者先总结一下欧方智库[①]提出的解决方案。

（1）在继续与中国进行建设性对话与合作的同时，欧盟应寻求进一步明确"一带一路"的未来计划，并鼓励在"对接平台"的框架内（从 TEN—T 的北海—波罗的海核心网络走廊和"一带一路"的新欧亚陆桥

---

① Bianca COSENTINO, Dick DUNMORE, Simon ELLIS, Alberto PRETI, "The New Silk Route-opportunities and Challenges for EU Transport", January 2018, https://research4committees.blog/2018/01/16/the-new-silk-route-opportunities-and-challenges-for-eu-transport/.

走廊开始）开展关于特定 TEN—T 和"一带一路"走廊连接的研究。

（2）目前由于"一带一路"不影响 TEN—T。然而，建议随着"对接平台"工作的进展和"一带一路"定义的更加明确，定期关注和发展 TEN—T 研究，将需要 TEN—T 政策变得更加开放和可持续。

（3）为了确保欧洲继续成为全球标准化中心，欧盟机构应该促进建立现代标准化系统，特别是参考欧洲铁路交通管理系统（ERTMS）技术，该技术是 2007—2013 年和 2014—2020 年计划中 TEN—T 资金的最大受益者之一。

（4）欧盟机构应继续与中国政府接触，尽快就欧盟和中国投资协议的可能具体内容达成一致。

（5）欧洲议会和欧洲理事会应支持欧盟委员会的提议，为成员国建立一个框架，以筛选在欧洲联盟的外国直接投资［EC 2017/0224（COM）］。这将确保欧盟继续对外国直接投资开放，同时防止竞争对手攫取欧洲的关键知识产权。

（6）欧洲议会和欧洲理事会应支持在欧盟委员会 COM（2016）344 的基础上制定一项法律，以保证欧洲和中国企业进入欧盟和中国公共市场的互惠性。

（7）最后，中国政府应该受到欧盟伙伴的鼓励，成为经合组织官方支持出口信贷指导方针安排的参与者。特别是，建议欧洲议会在监测达成全面投资协议的进展时，努力确保中国加入经合组织框架是欧盟谈判战略的一个关键目标。

从欧方机构提供的建议来看，内容较为务实和具体，主要体现在规则管控，投资安全风险防范以及通过合作希望中国的市场更加开放和贸易合作更加公平与对等。当然，欧盟同中国合作的大门是敞开的，寻求加强合作的意愿尤其是基础设施建设领域加强合作的愿望仍是强烈的。

## 三 中国的方案与应对

那么我们需要采取什么样的政策来积极应对相关风险呢？笔者认为可从以下方面着手。

首先，做好风险方案与预估工作，将其打造成系统性工程。

将"一带一路"项目在欧洲落地问题做好事前风险评估、事中风险规避、事后风险总结，加强对风险评估案例的积累。将风险评估工作作为一个系统性、常态化工作，纳入制度建设、政府施策、企业投资的第一步内容当中。未来的"一带一路"建设升级版方案中，应该加大风险评估的权重，切实让风险评估发挥"一带一路"倡议保驾护航的作用。

在风险评估中，要重视智库的作用，提倡政府或企业与智库达成长期的战略合作伙伴关系，政府或企业可以通过战略合作、政府购买等方式获得风险评估的信息，智库则创造条件为政府和企业决策提供系统性的风险评估方案，避免让风险评估成为一个走过场的东西。

其次，要处理好"一带一路"倡议下发展中欧关系的几个原则。

（1）定位好双边和多边关系

欧洲是复杂的行为体，两个维度的关系都很重要，欧盟机构和成员国双轨外交将是一个常态。很长一段时间以来，中国比较重视同欧盟机构和欧洲几个大国打交道，但目前欧盟机构内部及其成员国利益更加错综复杂，欧盟机构也无法就大多数问题代表成员国来同第三国进行谈判。仅就欧盟出台的投资安全审查机制来说，尽管欧盟想加大对外部投资者的安全审查，但在成员国内部仍有较多不同的声音，因此，欧盟在机构层面加强协调的同时，不得不将决定权仍放在成员国手中。

而对于"16+1合作"来说，从现阶段看，要注重双边而不是急于整合多边，不要认为"16+1"是个多边框架就要急于整合框架内所有国家。整合这些国家有难度，应立足精准合作，夯实好双边关系合作基础，只有16对双边关系做好了，才能够推进中国和中东欧16国的整体合作。

与此同时，也应看到，部分中东欧国家已经注意到抱团同中国合作，容易获取更多益处。因此，"16+1合作"作为一个平台，如果运用得当，会发挥更好的作用。多边平台作为16对双边合作的有效补充，可以形成相互支持、相互促进、相得益彰的效果。

（2）定位好公私关系

未来"一带一路"倡议下的中欧合作，政府驱动是一个非常重要的因素，但不能所有的事情都围绕着政府去做，更应注意非政府的力量，要立足公私结合，处理好政府和市场关系问题，必须要驾驭好市场的力量。合作应该转向微观的领域、转向中小企业的合作以及地方合作，并应更加注重人文交流等。

（3）处理好精英和民众关系

欧洲国家均是民主国家，民意的作用很大，因此，先期阶段可做精英工作，后期阶段民众的认知非常重要。"一带一路"倡议和"16+1合作"应更多下沉到民众，让它有更广泛的受众群，这样公众更能够了解中国方案的普惠性和欢迎度。

与此同时，同精英的合作同样也要处理好，精英的观点往往具有引领作用，尤其是在公共平台、媒体、学术等领域具有引领作用。未来，还应积极打造智库、媒体和公共外交平台，推进精英和民众的良性互动。

（4）个案和普惠关系要处理好

面向欧洲国家合作，多推广（成功）个案，慎谈普惠，因为普惠在很多时候是难以平衡的。推广（成功）个案是实现普惠的有效途径之一。多推广（积极）个案也是要推动欧洲国家加强与中国合作的积极性而不是相反，尤其是避免与中国合作上欧洲国家出现负传导效应。

由于和中国之间存在经贸体量上的不平衡，欧洲国家会借助欧盟磋商机制来保护自身利益。在一对多的层面上，欧盟成员国之间政策传导性的影响有时使中方企业处于不利地位。成员国间政策传导或相互影响易使其达成默契，其结果往往是中资企业承建项目不利带来的消极因素比项目顺利实施带来的积极因素更易在成员国间传导扩散。这种情况中国企业在"走出去"过程中应该注意并加以预防。

（5）平衡好大欧洲和小区域视角

首先是应该有"大欧洲"的概念，要处理好中国、中东欧和西欧国家的关系。从生产链来说，中东欧的上游是在德国和法国，主要的贸易对象是德国、法国，无法离开西欧单独发展同中东欧关系，尤其还要考虑到欧盟机构的存在。与此同时，欧洲永远是复杂的，深耕区域和次区域合作依然重要。比如维谢格拉德四国和巴尔干、东南欧等次区域国家。这些是推进合作的基本单元和细胞，能够产生更多的联动和良性互动。

## 四　具体施策建议

第一，坚决反对欧盟"市场扭曲"的贸易评判标准。

基于WTO法，坚决反对欧盟把自造的所谓"市场扭曲"的标准强加于人的做法。中国将保留在世贸组织终端解决机制下的相关权利，并且会采取必要措施，坚决维护中国的合法贸易权益。中国商务部指出，欧盟此方法违反世贸组织规则。世界贸易组织规则既不存在市场"严重扭曲"的概念，也没有社会和环境倾销的规定，欧盟反倾销调查新方法缺乏世贸组织规则依据，因而基于"严重扭曲市场"概念的贸易调查，将是对WTO自由贸易原则的挑战，中方应根据WTO规则制定反制政策，以警诫欧盟对中国贸易的不正当审查。

第二，准备同欧盟打好贸易诉讼官司。

按照WTO规则，由于欧盟未能按期终止反倾销"替代国"的做法，中国于2016年12月提出在世贸组织争端解决机制下的磋商请求，并且正式启动世贸组织争端解决程序。2017年12月，中国诉欧盟反倾销

"替代国"做法一案在瑞士日内瓦举行第一次听证会。中方应坚持用法律的武器来解决问题。

第三,加快国企、央企改革,激发企业活力,增强国际竞争力。

在坚持对国企、央企的改革攻坚战中,旗帜鲜明地提出保证党的领导,加强党的建设,不断落实责任制,做到党的建设同步谋划,党的组织和工作机构的同步设置,坚定不移推进党风廉政建设和反腐败工作。与此同时,按照深化简政放权、放管结合、优化服务改革的要求,依法履行职责,以管资本为主加强国有资产监管,以提高国有资本效率、增强国有企业活力为中心,明确监管重点。中国的企业特别是大中型国企"走出去"后,要更加了解和熟悉欧盟规则。应当尽早熟悉欧盟层面和各成员国对于贸易领域的法律法规,通过组建对口的法律与贸易团队,有的放矢加强自身抵御对欧贸易的风险能力,并且积极地使用法律武器,维护自己的切身合法合理利益。

第四,加快与欧盟的双边投资协定谈判。

《中欧双边投资协定》的重大作用不仅仅限于为发展中欧双边投资关系提供法律基础与保障,且从投资领域来看,中欧投资协定中的部分条款很有可能成为未来的国际投资新规则,所以进一步推动中欧双边投资谈判,并且达成一系列共识将极大保障我国对欧贸易投资的国家利益。

第五，推动"一带一路"倡议和"16+1合作"更接地气，更加重视民众。

"一带一路"倡议五年来、"16+1合作"六年来，中国在民心相通方面做了大量工作，引起多国精英的广泛关注。然而，在某些欧洲智库看来，"一带一路"倡议和"16+1合作"应该从走"上层路线"逐渐向"草根路线"倾斜，使得两个合作平台有更多的民意认知度和基础。

保加利亚外交学院研究员瓦伦汀·卡特兰吉埃夫就表示，"16+1合作"应该有更广泛的社会基础，即便是中国人在保加利亚，他们不太知道有"16+1"这样的机制，我们应该进一步加强专家、媒体以及智库之间的合作，不能将该框架圈定在精英层面，应该更多依靠媒体、民众来塑造该框架，打造"16+1合作"更广泛的社会基础。匈牙利地缘政治研究所胡庆建研究员则表示，"16+1合作"是非常重要的，但是现在公众对其不了解，它的传播不够广泛，即使在匈牙利举办"16+1"峰会，不少匈牙利老百姓不太了解"16+1合作"是什么。阿尔巴尼亚前驻华大使穆内卡[①]表示，

---

① "Speech by Hajdar Muneka, Former Ambassador of Albania to China, at the 4th High Level Think Tanks Symposium between China and Central and Eastern European Countries", Beijing, December 18–19, 2017.

我们和中国之间的相互了解还是不够深,要问"16+1"是什么意思,很多人,包括阿议会代表都不太清楚,必须动员一切可以动员可靠的非营利组织、政府有关部门及有名人士参与进来。北京大学燕京学社访问学者、欧洲亚洲研究所学者格列格兹·斯特茨①表示,中国和中东欧国家的合作如果只是在高级别、国家层面这种政治合作的话,很难把我们的合作推向一个非常实际的层面,达成一系列实际成果。

第六,借主办进出口博览会打造利益共赢。

虽然中国和欧洲国家产业结构的差异性是导致双方贸易不平衡的主要内因,但从促进经贸往来的协调可持续发展角度看,政府主管部门已考虑制定和实施进口战略,2018年起中国举办的国际进口博览会就是一个很好的平台,可以通过跟进相关措施缓解与欧洲国家的贸易逆差,以建立良性循环、可持续发展的中欧经贸合作关系。

---

① "Speech by Grzegorz Stec, Yenching Scholar at Peking University, Associate Researcher at the European Institute for Asian Studies, at the 4th High Level Think Tanks Symposium between China and Central and Eastern European Countries", Beijing, December 18–19, 2017.

# 附　录

# 欧洲国家对"一带一路"倡议看法问卷调查（2018—2019）

各位朋友：

本问卷调查系中国—中东欧国家智库交流与合作网络执行，并得到中国—中东欧国家关系基金的资助。本调研旨在评估来自欧洲的精英（包括决策者、专家学者以及企业家等）对"一带一路"倡议的看法和观点。本项调研只用于科研目的。调查者会确保接受调查者的隐私。请根据您个人情况和对调研问题的理解来完成问卷填答。感谢您的支持与合作。

Ⅰ. 基本信息

1. 性别
a. 男性
b. 女性

c. 其他（请说明）_____

d. 不回答

2. 年龄

a. 30 岁以下

b. 31—40 岁

c. 41—50 岁

d. 51—60 岁

e. 60 岁以上

f. 不回答

3. 国籍（_____）

4. 职业

a. 公务员

b. 智库专家

c. 记者

d. 大学教师

e. 商业人士

f. 其他（请说明）_____

5. 您有多长时间在中国学习和工作的经历（累计时间）？_____

a. 无在中国学习和工作经历（或仅参加过在华举办的会议）

b. 少于 6 个月

c. 6—12 个月

d. 1—2 年

e. 2—5 年

f. 5 年以上

## Ⅱ."一带一路"的定义及其目标

6. "一带一路"倡议的主要驱动因素是什么？

请在下列列举的 14 个驱动因素中最多选择 5 个，并依据重要程度依次标注 1—5，1 表示最重要，并随着数字的增大依次递减，如果您认为少于 5 个选项，并依次只标注这些选项（例如 1—3），并将 0 或"X"标注到其他选项。

○ 解决发展中国家的投资需求

○ 中国的国内发展

○ 中国国内政治利益

○ 中国在世界范围内的崛起

○ 中国寻找自然资源

○ 中国寻找新的市场

○ 建立新形式的全球治理/新形式的全球化

○ 建立新的地缘政治秩序

○ 扩展中国的影响力

○ 推动全球贸易增长

○ 加快对外部投资/利用好中国 3 万亿美元外汇储备

○推动双赢合作

○国际开发援助/支持

○中国公司的国际化

○其他（请说明）_____

○其他（请说明）_____

○其他（请说明）_____

7. 请选择下列最能代表您的观点的选项

____"一带一路"倡议由中国提出，但会变成一项多边倡议，由多个行为体共同参与。

A. 完全同意　B. 同意　C. 不关心

D. 不太同意　E. 完全不同意

____"一带一路"倡议的实施将秉承"共商、共建和共享"原则。

A. 完全同意　B. 同意　C. 不关心

D. 不太同意　E. 完全不同意

____"一带一路"倡议将只关注中国的利益和收益。

A. 完全同意　B. 同意　C. 不关心

D. 不太同意　E. 完全不同意

____"一带一路"倡议是由中国详细规划的一项具体战略。

A. 完全同意　B. 同意　C. 不关心

D. 不太同意　E. 完全不同意

____"一带一路"倡议只是一个经济项目。

  A. 完全同意 B. 同意 C. 不关心

  D. 不太同意 E. 完全不同意

____"一带一路"倡议是一个双通道,中国的产品和资金可以进入外国的市场,而国外市场的产品和资金也能进入中国的市场。

  A. 完全同意 B. 同意 C. 不关心

  D. 不太同意 E. 完全不同意

____"一带一路"倡议将由中国和外国的机构和公司共同运营。

  A. 完全同意 B. 同意 C. 不关心

  D. 不太同意 E. 完全不同意

____"一带一路"倡议将只聚焦重型基础设施建设。

  A. 完全同意 B. 同意 C. 不关心

  D. 不太同意 E. 完全不同意

**Ⅲ. 评估"一带一路"倡议在欧洲的建设情况**

8. 请评估中国和您的国家在"一带一路"倡议下（自2013年开始）在相关领域开展合作的质量

请分别标注数字1—5,1表示双方在相关领域的合作的发展水平较低或者您的国家对这个领域不重要。5则表示双方在相关领域的合作发展水平较高或者您的国家认为这个领域很重要。

| 具体领域 | 合作水平（1—5） | 对贵国的重要性（1—5） |
|---|---|---|
| 在农业领域投资 | | |
| 在能源领域投资 | | |
| 在基础设施领域投资 | | |
| 在加工制造业领域投资 | | |
| 贸易开发 | | |
| 人文交流 | | |
| 政治对话 | | |
| 智库/专家交流 | | |

9. 请评估"一带一路"倡议框架下中欧在相关领域合作的质量或者您对相关合作的兴趣的评价

请分别标注数字1—5，1表示双方在相关领域的合作的发展水平较低或者您对这个领域兴趣评价不高。5则表示双方在相关领域的合作发展水平较高或者您认为这个领域对欧盟很重要。

| 具体领域 | 合作水平（1—5） | 对欧盟的重要性（1—5） |
|---|---|---|
| 在农业领域投资 | | |
| 在能源领域投资 | | |
| 在基础设施领域投资 | | |
| 在加工制造业领域投资 | | |
| 贸易开发 | | |
| 人文交流 | | |
| 政治对话 | | |
| 智库/专家交流 | | |

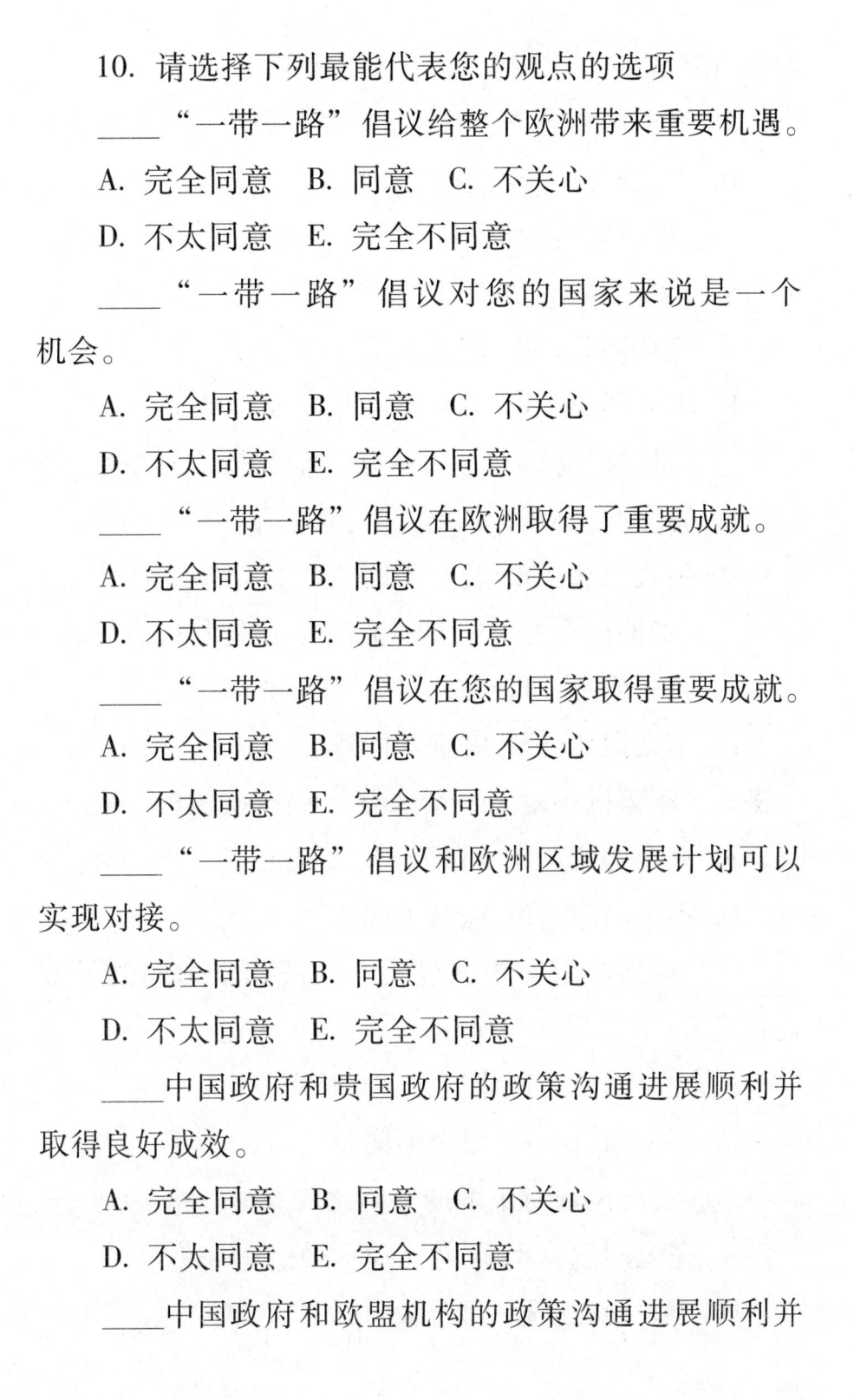

10. 请选择下列最能代表您的观点的选项

____ "一带一路"倡议给整个欧洲带来重要机遇。

A. 完全同意　B. 同意　C. 不关心

D. 不太同意　E. 完全不同意

____ "一带一路"倡议对您的国家来说是一个机会。

A. 完全同意　B. 同意　C. 不关心

D. 不太同意　E. 完全不同意

____ "一带一路"倡议在欧洲取得了重要成就。

A. 完全同意　B. 同意　C. 不关心

D. 不太同意　E. 完全不同意

____ "一带一路"倡议在您的国家取得重要成就。

A. 完全同意　B. 同意　C. 不关心

D. 不太同意　E. 完全不同意

____ "一带一路"倡议和欧洲区域发展计划可以实现对接。

A. 完全同意　B. 同意　C. 不关心

D. 不太同意　E. 完全不同意

____ 中国政府和贵国政府的政策沟通进展顺利并取得良好成效。

A. 完全同意　B. 同意　C. 不关心

D. 不太同意　E. 完全不同意

____ 中国政府和欧盟机构的政策沟通进展顺利并

取得良好成效。

  A. 完全同意　　B. 同意　　C. 不关心

  D. 不太同意　　E. 完全不同意

  ____通过现有的机制，"一带一路"倡议在欧洲能够得到有效的执行。

  A. 完全同意　　B. 同意　　C. 不关心

  D. 不太同意　　E. 完全不同意

  ____贵国政府对"一带一路"倡议持积极态度。

  A. 完全同意　　B. 同意　　C. 不关心

  D. 不太同意　　E. 完全不同意

  ____贵国民众对"一带一路"倡议持积极态度。

  A. 完全同意　　B. 同意　　C. 不关心

  D. 不太同意　　E. 完全不同意

  ____欧盟机构对"一带一路"倡议持积极态度。

  A. 完全同意　　B. 同意　　C. 不关心

  D. 不太同意　　E. 完全不同意

  ____贵国政府对中国政治、经济和学术圈的了解比较充分。

  A. 完全同意　　B. 同意　　C. 不关心

  D. 不太同意　　E. 完全不同意

  ____贵国民众对中国的了解比较充分。

  A. 完全同意　　B. 同意　　C. 不关心

  D. 不太同意　　E. 完全不同意

____"一带一路"融资机制很好地满足了双边需要,促进了中欧合作。

  A. 完全同意 B. 同意 C. 不关心

  D. 不太同意 E. 完全不同意

____"16+1合作"对中欧合作有积极的影响。

  A. 完全同意 B. 同意 C. 不关心

  D. 不太同意 E. 完全不同意

____"16+1合作"让中欧合作有了更大的协调空间。

  A. 完全同意 B. 同意 C. 不关心

  D. 不太同意 E. 完全不同意

____最近欧盟发布的"连接欧亚战略"与"一带一路"倡议有很大的对接潜力。

  A. 完全同意 B. 同意 C. 不关心

  D. 不太同意 E. 完全不同意

____欧盟的"连接欧亚战略"可以在标准制定上对"一带一路"建设有所帮助。

  A. 完全同意 B. 同意 C. 不关心

  D. 不太同意 E. 完全不同意

____欧盟"连接欧亚战略"表明欧盟把"一带一路"倡议视为一种挑战。

  A. 完全同意 B. 同意 C. 不关心

  D. 不太同意 E. 完全不同意

11. 推动中欧在"一带一路"倡议下合作面临的主要挑战是什么？

请在下列列举的挑战中最多选择5个，并依据重要程度依次标注1—5，1表示最重要，并随着数字的增大依次递减，如果您认为少于5个选项，并依次只标注这些选项（例如1—3），并将0或"X"标注到其他选项。

○中国的基础设施建设能力能否达到欧盟的标准

○中欧之间的贸易不平衡以及贸易结构的不平衡

○中国基础设施建设的透明度问题

○中欧双方的地缘政治利益不同

○中欧双方的意识形态差异

○规则的互认和法律的互让程度不够

○在"一带一路"倡议的目标和蓝图方面中欧双方缺乏沟通

○人力资本匮乏

○决策者之间缺乏了解

○中欧双方在市场准入上缺乏互惠

○"一带一路"在欧洲缺乏成功的旗舰项目

○欧洲国家和欧盟机构同中国的"一带一路"倡议之间缺乏利益对接

○中欧双方缺乏信任，欧盟一直对"16+1合作"持怀疑态度并认为中国在分而治之欧盟

○缺乏双赢的成果

○欧洲国家对安全问题的关注

○其他（请明确）_____

○其他（请明确）_____

○其他（请明确）_____

## Ⅳ. 在"一带一路"倡议下发展中欧关系的建议

12. 根据您的观点，现阶段应该采取什么措施来解决"一带一路"倡议在欧洲面临的挑战？

请在下列列举的15个方案中最多选择5个，并依据重要程度依次标注1—5，1表示最重要，并随着数字的增大依次递减，如果您认为少于5个选项，并依次只标注这些选项（例如1—3），并将0或"X"标注到其他选项。

○把"一带一路"倡议和欧亚互联互通战略的实施相结合

○实行免签证政策

○鼓励投资本土化和更大范围使用本土公司/合同方

○中国和欧洲企业要加强直接合作

○建立新的"一带一路"对话机制来增强与欧盟机构的协调

○中国应针对欧洲提升互惠和市场开放程度

○在绿色发展和气候变化上中欧加强合作

○在制定"一带一路"项目建设标准上引入欧盟机构制定的标准

○提升"一带一路"建设项目的透明度

○增加"一带一路"倡议下的绿地投资

○增加民众间的相互交往

○寻求联合资助在欧盟内的项目

○中欧之间寻求共同经营在中亚和非洲的"一带一路"倡议项目

○其他（请说明）_____

○其他（请说明）_____

○其他（请说明）_____

13. 根据您的观点，应该采取什么措施来解决"一带一路"倡议现阶段在同贵国合作中所面临的挑战？

请在下列列举的15个方案中最多选择5个，并依据重要程度依次标注1—5，1表示最重要，并随着数字的增大依次递减，如果您认为少于5个选项，并依次只标注这些选项（例如1—3），并将0或"X"标注到其他选项。

○实行免签证政策

○鼓励投资本土化和更大范围使用本土公司/合同方

○中国和来自贵国企业加强直接合作

○建立新的"一带一路"对话机制来增强与贵国机构的协调

○在制定"一带一路"项目建设标准上引入贵国机构制定的标准

○在绿色发展和气候变化上加强合作

○中国应针对贵国提升互惠和市场开放程度

○增加"一带一路"倡议下的绿地投资

○增加民众间的相互交往

○提升"一带一路"建设项目的透明度

○中欧之间寻求共同经营在中亚和非洲的"一带一路"倡议项目

○寻求联合资助在贵国内的项目

○其他（请说明）_____

○其他（请说明）_____

○其他（请说明）_____

14. 在您看来，什么是推进中欧之间更有效的民心相通的最大挑战？

请在下列选项中根据挑战的重要程度选取"1"表示最为重要的挑战。如您认为下列所提出的挑战并不相关，请在选项前画"X"。

○意识形态差异

○交流和互通的项目缺乏

○双方缺乏合作的意愿

○人文相通需要更多的时间，短期内不会取得效果

○人文相通项目应该通过更具深度和更有意义的方式来实现

○其他（请说明）＿＿＿＿＿＿＿＿＿＿＿＿＿＿＿

15. 请对中欧在"一带一路"倡议下的合作提供政策建议

感谢您的支持！

刘作奎，历史学博士，中国社会科学院欧洲研究所研究员、中东欧研究室主任，中国—中东欧国家智库交流与合作网络秘书长。刘作奎目前还担任多个机构的特聘或长约研究员或客座教授，主要有中国公共外交协会专家委员会委员、国务院发展研究中心欧亚社会发展研究所研究员、中国国际问题研究基金会研究员、北京外国语大学区域与全球发展研究院研究员、清华大学中欧关系研究中心研究员、首都师范大学文明区划研究中心特约研究员等。

曾是德国曼海姆大学（2007年）、日本青山学院大学（2009年）、波兰国际事务研究所（2015年）和拉脱维亚国际事务研究所（2016年）访问学者，有着长期海外留学和调研经历，学术交流广泛。主要研究兴趣包括中东欧问题、"16+1合作"、中欧关系、"一带一路"倡议等。

中国—中东欧国家智库交流与合作网络（简称16+1智库网络）是由国务院总理李克强提议、中国和中东欧17国总理共同签署的政府间正式文件《苏州纲要》明确提出"支持中国社会科学院牵头组建16+1智库交流与合作网络"而建立的，它是中国特色智库建设的一个新型机制与高端平台。"新"主要体现在它是由17国智库共同参与的一个智库交流与合作网络；"高"主要体现为它多次配合习近平主席访问中东欧国家、直接服务于16+1政府首脑年度会晤，并一直受国务院任务清单委派，负责主持年度的"中国—中东欧国家高级别智库研讨会"。2016年起，16+1智库网络被纳入了中国社会科学院专业性智库，是目前中国社会科学院国际化程度最高的智库之一。

16+1智库网络是在外交部积极推动下建立的，2015年3月17日外交部致函中国社会科学院，支持组建该智库机构，并就"16+1合作"框架下如何做好智库工作提出了明确的意见，即16+1智库网络将秉持共建、共享、共赢的原则，吸收国内各研究机构力量，打造中国—中东欧国家合作（简称"16+1合作"）框架下二轨交流的智库平台，推动国内研究机构同中东欧智库的交流沟通，夯实"16+1合作"的智力基础，促进"16+1合作"研究。